QU'AI-JE DONC FAIT

DU MÊME AUTEUR

Aux Éditions Gallimard

DU CÔTÉ DE CHEZ JEAN
UN AMOUR POUR RIEN
AU REVOIR ET MERCI
LA GLOIRE DE L'EMPIRE
AU PLAISIR DE DIEU
LE VAGABOND QUI PASSE SOUS UNE OMBRELLE TROUÉE
DIEU, SA VIE, SON ŒUVRE
ALBUM CHATEAUBRIAND *(Bibliothèque de la Pléiade)*
GARÇON DE QUOI ÉCRIRE *(entretiens avec François Sureau)*
HISTOIRE DU JUIF ERRANT
LA DOUANE DE MER
PRESQUE RIEN SUR PRESQUE TOUT
CASIMIR MÈNE LA GRANDE VIE
LE RAPPORT GABRIEL
C'ÉTAIT BIEN

Aux Éditions J.-C. Lattès

MON DERNIER RÊVE SERA POUR VOUS
   (une biographie de Chateaubriand)
JEAN QUI GROGNE ET JEAN QUI RIT
LE VENT DU SOIR
TOUS LES HOMMES EN SONT FOUS
LE BONHEUR À SAN MINIATO

Aux Éditions NiL

UNE AUTRE HISTOIRE DE LA LITTÉRATURE FRANÇAISE
   (deux volumes)

Aux Éditions Robert Laffont

VOYEZ COMME ON DANSE
ET TOI MON CŒUR POURQUOI BATS-TU
UNE FÊTE EN LARMES
LA CRÉATION DU MONDE

Suite en fin de volume

Jean d'Ormesson
de l'Académie française

QU'AI-JE DONC FAIT

ROBERT LAFFONT

© Éditions Robert Laffont, S.A., Paris, 2008
ISBN 978-2-221-11198-7

Je ne t'ai point aimé, cruel ? Qu'ai-je donc fait ?
Racine,
Andromaque, IV, 5

I

Poeta fui e cantai

que faisons-nous sur cette Terre ?

    Voilà longtemps déjà que les hommes se demandent ce qu'ils sont venus faire sur cette Terre. Pas tous, bien sûr. Beaucoup – et je les comprends mieux que personne – ne se posent guère de questions. Il n'est pas impossible que ce soient, sinon les plus vifs, du moins les plus heureux. Mais d'autres, dans les nuits claires de l'été, lèvent les yeux vers les étoiles. L'immensité des cieux les émerveille et leur fait peur. D'autres encore regardent autour d'eux. Ils remarquent qu'il y a du mal, qu'il frappe sans distinction les plus forts et les plus faibles, que les moins recommandables l'emportent le plus souvent. Et les sages et les doctes prennent des mines soucieuses. Quelques-uns se demandent si ce monde est aussi réel qu'il y paraît et s'il n'y en aurait pas un autre où la vérité et la beauté l'emporteraient enfin sur la laideur et les mensonges.

*il y a quelque chose, avant la mort,
qui ressemble à une vie*

Pour toutes ces créatures au bord de l'abîme dont une des occupations favorites est de s'interroger sur l'hypothèse douteuse d'une vie après la mort où régnerait enfin la justice, il semble bien, au moins, qu'il y ait quelque chose qui ressemble, dans la diversité et dans une extrême cruauté, à une vie avant la mort. Quelques-unes courent plus vite que le commun des mortels, lancent plus fort et plus loin des objets souvent ronds de tailles et de matières diverses, capturent mieux la lumière sur leur visage maquillé. D'autres ont du talent pour naviguer sur la mer, pour conduire des armées sur les plaines entre les montagnes, pour traquer des bêtes féroces dans la savane ou dans la forêt, pour acheter ou pour vendre des produits de toute sorte. D'autres inventent des cantates ou des opéras bouffes, des rêves d'empereur sous une tente, des passions de femme en temps de

Poeta fui e cantai

guerre dans des provinces reculées. D'autres encore découvrent les lois qui règlent le cours des étoiles, là-haut, dans le firmament, ou la composition des nœuds, des particules innombrables, des filaments de plus en plus imperceptibles à l'intérieur de nous-mêmes, la relativité générale, la mécanique quantique. Beaucoup sont malheureuses ou se contentent d'être heureuses et ne font pas grand-chose. Presque toutes travaillent pour nourrir leur famille et pour se nourrir elles-mêmes, pour s'assurer un toit, des vêtements, tout le nécessaire à la vie. Les unes ont plus qu'il ne leur en faut et en veulent toujours plus ; les autres n'ont rien ou presque rien et voudraient bien quelque chose. Les unes sont pharaon, archonte, proconsul, grand logothète du drome, sultan, rajah, nizam, shogun, prince du sang, duc et pair, maréchal du palais, grand amiral de la flotte, président du Conseil ou Premier ministre, président-directeur général, membre de l'Institut, grand prix de Rome, prix Nobel, prix Lénine, prix Goncourt, prix de Farfouillis-les-Oies, et on les trouve dans ce grand roman que nous appelons l'histoire ; les autres balaient dans la rue. Toutes meurent, bien entendu, mais les unes dans leur lit, les autres sur une croix, sur un pal, sur un échafaud ou sur un champ de bataille, les unes d'un arrêt du cœur et les autres du cancer, du sida ou de chagrin. Pour compliquer encore les choses, les catégories de la mort et de la détresse sont très loin de recouper les catégories de la vie et des succès de ce monde. Et le pire est qu'il faut toujours tâcher de vivre avant de mourir.

Qu'ai-je donc fait

Longtemps, égaré dans ce labyrinthe d'ambitions et d'angoisse, je me suis demandé, la tête aux champs, quoi faire avant de mourir. La réponse était incertaine. Il m'est arrivé, dans mon trouble, de souhaiter mourir assez vite : j'avais un peu de mal à imaginer mon avenir dans une vie dont je me méfiais comme de la peste et que je regardais d'un œil torve.

me voilà

Combien sont-elles, autour de nous, ces créatures si outrageusement privilégiées et condamnées d'avance à la disparition que nous appelons les hommes ? D'ici quelques années à peine, entre sept et neuf milliards. Et depuis leurs débuts sur la scène de l'histoire, il y a plusieurs centaines de milliers d'années ? Quelques dizaines de milliards, je suppose, avec beaucoup plus de la moitié depuis trois ou quatre siècles : après avoir été, à l'origine, menacés d'extinction, après avoir été en très petit nombre pendant des millénaires, voilà que nous nous pressons en foule sur notre pauvre planète. De quoi considérer, sinon avec sérénité, du moins sans trop de crainte pour l'espèce les délires de nos techniques et les pires catastrophes. De toutes ces ombres fragiles, si semblables les unes aux autres et pourtant si différentes, qui se vantent, toutes ensemble, d'avoir donné quelque chose qui pourrait passer pour un sens à notre vieil univers, sorti peut-

Qu'ai-je donc fait

être, je n'en sais rien, il y a treize milliards d'années, d'un événement bizarre, affublé du nom de big bang, il y en a une, et seulement une, qui m'est, ah ! non pas claire comme de l'eau de roche ni transparente de part en part, mais du moins proche et familière jusqu'à la lassitude et jusqu'à la nausée : c'est moi.

le monde tourne autour de moi...

Bonjour. Bonsoir. C'est encore moi. Ne me dites pas que j'exagère. Je suis la discrétion même, la modestie incarnée. J'aurais horreur de m'imposer. C'est vrai : j'ai du mal à me quitter. Je me cogne à moi à chaque coin de rue. J'essaie de m'oublier, je risque trois pas au-dehors : hop ! je retombe déjà sur moi. « Vous, ici ? » Quelle surprise ! Oui, c'est moi. C'est bien moi. C'est lassant, à la fin, c'est une sorte de malédiction. Je n'y peux rien. Je passe tout mon temps avec moi. On dirait que je colle à moi et que nous nous confondons. J'ai beau crier très fort que cette compagnie n'est pas, et de très loin, de celles que je préfère, autant pisser dans un violon. Sans cesse retentit à mes oreilles ce cri de chouette avinée que je voudrais tant ne plus entendre : « C'est moi. »

... et aussi de vous

Un des points essentiels de notre affaire est que moi, c'est vous. Chacune des créatures conquérantes et vouées au néant qui sont passées sur cette planète a le droit de se lever et de dire : « Moi » comme moi. Je suis moi. Chacun de vous est un moi comme moi. Je – mon Dieu !... – est un autre. Nous savons tous désormais que nous sommes relégués dans une lointaine banlieue du tout. Et que notre Terre tourne autour d'un Soleil qui est lui-même emporté dans bien d'autres tourbillons. Par un miracle indéfiniment répété, chacun de nous pourtant est le centre de l'immense univers. Le monde tourne autour de moi. Et il tourne autour de vous. Il tourne, je n'y peux rien, et vous non plus, c'est comme ça, avec tous ses soleils et toutes ses galaxies, autour du cerveau de chaque homme et de ce truc invraisemblable que nous appelons une conscience. Au point qu'il est permis de soutenir – et beaucoup ne s'en sont pas privés –

que le monde est notre représentation et qu'il s'effondre à la mort de chacun d'entre nous.

C'est faux, bien entendu. Il y avait un univers avant le premier homme. Et les vignes, les oliviers, les cyprès – qui mourront à leur tour – seront toujours debout, avec la mer au loin, quand je ne serai plus là. Ce qui est vrai, c'est que vous les voyez comme je les vois – ou peut-être autrement –, que vous ne cessez jamais de les recréer comme je les recrée moi-même, et que nous pouvons en parler. Nous voyons peut-être tous des mondes très différents, mais nous avons les mêmes mots pour les décrire et pour les évoquer. Ne m'accusez pas, je vous prie, de ne m'occuper que de moi. En parlant de moi, je parle de vous.

à quoi bon vivre si c'est pour rien ?

Aussi loin que je regarde dans mon passé évanoui, vivre m'épate. Me fait un peu peur. Et me réjouit. Je n'ai jamais cessé à la fois de me demander ce que je faisais là et de me féliciter d'y être. J'y ai été longtemps. Toujours étonné. Toujours insatisfait. Et toujours enchanté. Beaucoup de ceux qui ont laissé un nom sur les lèvres des hommes sont morts jeunes ou très jeunes. Catulle et Giorgione à trente-trois ans, Pergolèse à vingt-six, Lautréamont à vingt-quatre, Galois à vingt et un, et Radiguet à dix-neuf. Je crois, Dieu me pardonne ! que j'aurais été très heureux de mourir à leur âge si j'avais peint *La Tempête* ou *Les Trois Philosophes*, si j'avais chanté Lesbie ou inventé la théorie des groupes, si j'avais écrit *La Servante maîtresse*, *Les Chants de Maldoror* ou *Le Diable au corps*. César pleurait à l'âge de trente-trois ans parce qu'il n'avait encore rien fait – ou presque rien : il était questeur ou édile curule ou quelque chose comme ça

Poeta fui e cantai

à l'âge où Alexandre le Grand était mort après avoir conquis une bonne partie du monde connu. J'ai déjà atteint ou dépassé l'âge de Gide ou de Jean Giono et je ne laisse derrière moi ni *Paludes* ni *Le Chant du monde*. Ni rien qui en approche. C'est un chagrin. À quoi bon vivre si c'est pour rien ? Depuis ma plus petite enfance, j'ai été, je le crains, la proie d'un désir qui me dévorait le cœur. Quel désir ? Celui de faire quelque chose de la vie qui m'avait été donnée. J'avais le vertige du monde.

un pauvre type

Je ne suis pas sûr que ce portrait rende son auteur très sympathique. Je ne me plais pas beaucoup. Autant le dire tout de suite : il y a en moi quelque chose de tendu, de pressé, d'un peu rageur. Une ambition rentrée et cachée avec soin. Une manie honteuse d'elle-même et vaguement chafouine d'être le premier, ou parmi les premiers. « Il y avait mon désir de gloire, écrit T. E. Lawrence qui sera Lawrence d'Arabie ; et l'horreur qu'on connût mon goût d'être connu. » Je ne suis pas grand. Je serre les poings. Je n'ai jamais cessé de nourrir des rêves qui me dépassent de beaucoup. Et quels rêves, je vous prie ? Des rêves de pacotille, de poudre aux yeux, de petit-bourgeois en goguette.

Il existe une photographie assez célèbre de Cary Grant et de Randolph Scott vers le milieu des années trente. Dans un appartement modern style aux murs blancs, Cary est assis, chemise blanche, col ouvert, boutons de manchette, au fond d'un fauteuil de cuir crème à jupe et gros coussin, l'air d'un veau mais très beau ; Randy, pas mal non plus dans un pull-over blanc en V à liséré noir ou bleu aux poignets et au cou, une pipe à la main, appuyé sur un meuble en bois à tiroirs multiples qui abrite une radio, est debout près d'une fenêtre dont les volets à lamelles laissent passer la lumière. Ils se regardent. Ils portent l'un et l'autre sur des jambes interminables d'irrésistibles pantalons blancs et, sur leur figure, une expression de satisfaction aux limites du langage articulé. Vous savez quoi ? Je les enviais. Ils vivaient ensemble, peut-être s'aimaient-ils, je m'en fichais pas mal. Leurs relations ne m'intéressaient pas : j'aurais voulu être eux. Plutôt Cary, d'ailleurs, un moment de honte est vite passé, parce qu'il était plus connu et qu'il avait plus de succès. De l'argent, des femmes, des hommes peut-être, qui pensaient tous à lui, et son visage un peu partout. Oh ! être Cary Grant dans *Notorious* avec Ingrid Bergman dans les bras !... Ou avec Irene Dunne dans *My Favorite Wife* !... Mais, raisonnable comme je le suis, modeste et sans façons, je me serais contenté de chausser les élégants mocassins de daim de ce pauvre Randolph Scott qui ne figure même pas dans le Larousse ni dans le Robert des noms propres.

    Mon ignominie virtuelle ne parvenait pas à m'envahir tout entier et à détruire en moi toute ombre de discernement. J'aspirais vaguement à autre chose, et plus haut. Plus encore que Cary Grant, ce que j'aurais aimé devenir dans ma jeunesse égarée, c'était Virgile, ou l'Arioste, ou peut-être Conan Doyle, ou n'importe lequel de cette bande-là. Mon choix n'était pas fait. J'hésitais. J'aurais été enchanté de m'agiter un peu auprès de Mécène ou d'Octave, le futur Auguste, ou de mener à Ferrare une vie pleine de charme, ironique et savante, et de me moquer de tout. Écrire *Roland furieux* ou l'*Énéide*, dont je ne savais presque rien, mais dont j'avais lu quelques bribes, me paraissait pourtant, à juste titre, un peu au-dessus de mes forces. Ah ! puisque je n'étais capable d'inventer ni Nisus et Euryale – « Ils s'en allaient obscurs dans la nuit solitaire... » –, ni Angélique, ni Bradamante, ni Rodomont, ni Sherlock Holmes, j'étais bien contraint de réviser à la baisse mes délires et mes ambitions.

un bon garçon

Un défaut me sauvait : la paresse. Elle calmait mes ardeurs, elle étouffait mes ambitions. Ce n'était pas tant que je traînasse sans fin dans un lit ni que je m'avachisse tout au long du jour sur des divans profonds ou dans des hamacs de rencontre. Non. Simplement, j'aspirais à ne rien faire et j'y réussissais assez bien. Dans l'oisiveté, j'étais incomparable. Beaucoup plus que tous les succès qu'elle pouvait procurer et dont il m'arrivait de rêver, ce que j'aimais dans la vie, c'était d'abord la vie. Chaque matin, après un long sommeil rarement troublé par des cauchemars, je m'éveillais avec gratitude et gaieté, heureux d'être au monde et porté à l'admirer sans trop le bousculer. Il se débrouillait tout seul et, en dépit de tant d'encouragements à l'action, la plupart du temps contradictoires, qui me venaient d'un peu partout, je n'avais guère besoin de me jeter à son secours.

J'avais remarqué assez tôt que, dans la vie publique comme dans la vie privée, en politique, en économie, dans le déroulement des carrières ou dans les tribulations de l'amour, les efforts des hommes aboutissaient le plus souvent à des résultats opposés à ceux qu'ils espéraient. Pour rabaisser l'Autriche, alors puissante en Europe, la France de Louis XV soutient et renforce la Prusse. Quand la IIIe République l'emporte sur l'Allemagne de Guillaume II, elle lui impose un traité trop dur pour ce qu'il avait de faible, trop faible pour ce qu'il avait de dur et dont Hitler sortira. Il n'est pas impossible que Karl Marx ait sauvé le capitalisme en l'obligeant à se réformer. Il n'y a pas de décision politique dont les conséquences ne puissent être contestées. Et, la plupart du temps, ce qu'il y a de pire dans les rêves et dans les ambitions, c'est leur assouvissement. Ne parlons même pas de nos sentiments et des passions de l'amour qui n'en finissent jamais de se jouer de nos espérances et de nos prévisions.

Ces considérations un peu floues, une devise chinoise les résumait avec simplicité : « À côté du noble art de faire faire les choses par les autres, il y a celui, non moins noble, de les laisser se faire toutes seules. » La version mystique de cette sagesse orientale et populaire m'était fournie par le cri, que j'ai toujours vénéré, de sainte Thérèse d'Avila : « Que de larmes seront versées sur des prières exaucées ! » Laissons le destin décider. Ne bougeons surtout pas. Agitons-nous le moins possible. Dieu sait mieux que nous ce qui sera bon pour nous. Je faisais peu de

Poeta fui e cantai

projets, je n'espérais pas grand-chose, je n'attendais presque rien. Réussir me dégoûtait. J'avais compris très vite que le bonheur ne devait être cherché ni ailleurs, ni plus loin, ni dans le passé, ni dans l'avenir, mais ici et maintenant. J'ai beaucoup vécu dans le présent. Au point que l'avenir me semblait inutile. L'adolescence se précipite dans les rêves du futur. Je ne me précipitais nulle part. J'étais là : c'était assez. Devenir pompier, banquier, ambassadeur de France, représentant de commerce m'apparaissait comme un suicide. Tout m'amusait. Rien ne me retenait. Tout me plaisait. Rien ne m'attirait. Je ne voulais rien de définitif. Je voulais laisser l'avenir ouvert et ne jamais rien fermer. J'étais insouciant et très gai. J'étais un bon garçon.

« *travaillez, prenez de la peine...* »

Oui, je sais : j'écris toujours la même chose. Je préfère me répéter à me contredire comme l'ont fait avec un sérieux imperturbable tant de grands esprits autour de nous. Je n'écris ni du Sartre, ni du Duras, ni du Lacan – j'écrirais plutôt contre eux –, ni, hélas ! du Gide, du Toulet, de l'Aragon. J'écris ce que je suis et j'écris ce que je sais. Et je sais que si je suis ce que je suis, c'est d'abord à mes parents et à mes maîtres que je le dois. Je n'en finirai jamais de leur dire ma gratitude et de chanter leurs louanges. Je le sais aussi : des sentiments comme ceux-là, il faut être gonflé pour en parler en public, c'est ringard, c'est vieux jeu, ça ne se fait plus du tout dans la littérature vivante d'aujourd'hui. La littérature vivante d'aujourd'hui, qui m'a si souvent emmerdé avec son sérieux implacable et son pédantisme expérimental et toujours avorté, je lui rends bien volontiers la monnaie de sa pièce et je l'envoie se faire foutre avec beaucoup de gaieté. Je ne sais pas si je serai encore vivant demain, mais je suis sûr que la littérature vivante d'aujourd'hui, qui, avec son intolérance de donneuse de leçons et ses fanfaronnades de mauvais sentiments, est l'exact pendant, inversé et beaucoup plus prétentieux, de la crétinerie des pompiers de la peinture et de la littérature de la fin du XIXe siècle, sera morte avant moi – si elle n'est pas déjà morte.

C'est vrai : j'ai beaucoup parlé de mon père, janséniste, inflexible, tolérant, ardemment républicain en dépit ou à cause de ses guêtres et de son col dur, de ma mère, catholique et romaine, élevée dans les chasses à courre, héritière de Jacques Cœur et de la Grande Mademoiselle, de mes maîtres successifs, pour la plupart communistes, je vous ai peut-être rasés avec eux. Je n'y reviendrai ici que pour les remercier encore et toujours. Les remercier de quoi ? De m'avoir imprimé dans l'esprit que, puisque je voulais ne rien faire, il me fallait travailler. La première réponse à la question posée par ce livre : *Qu'ai-je donc fait ?* est que j'ai travaillé.

Travaillez, prenez de la peine,
C'est le fonds qui manque le moins

a été le refrain de mon enfance heureuse, insouciante et paresseuse.

Travailler à quoi ? À regarder le monde, à le comprendre, à essayer de l'aimer. Le fonds ne manquait pas. J'ai pris le pli très tôt. Je lisais tout ce qui me tombait sous les yeux : *Les Pieds Nickelés*, les prospectus, les modes d'emploi, les ordonnances médicales, les affiches sur les murs, *Arsène Lupin* – plus tard, *L'Île au trésor*, le bon Dumas, les merveilleuses *Chroniques italiennes* de Stendhal, les *Contes drolatiques* de Balzac, Maupassant et Flaubert, Rabelais, Ronsard, Corneille et Racine, Gide et Péguy dont le piétinement m'enchantait, Proust, Hemingway et *Le Paysan de Paris*. J'aimais savoir. J'aimais apprendre.

la tête me tourne

La mathématique n'était pas mon fort, mais, très vite, les nombres m'ont fait rêver, d'un peu loin, autant qu'Aurélien ou Mme de Rênal. Je n'y comprenais pas grand-chose. Mais je voyais bien que les formes, les couleurs, les sons, les odeurs, tout ce monde concret que j'aimais tant, il n'y avait que l'abstraction, bien au-delà des apparences, pour essayer de l'expliquer. Que les trois angles d'un triangle soient égaux à deux droits ou cette fameuse affaire du carré de l'hypoténuse ou la valeur de π me passaient au-dessus de la tête et m'épataient pourtant. L'idée – assez simple – qu'à un nombre, si grand fût-il, vous pouviez toujours ajouter un autre nombre sans jamais atteindre ni même approcher l'infini me jetait dans des transes. Malgré la célèbre définition : « La mathématique est une science où vous ne savez jamais de quoi vous parlez ni si ce que vous dites est vrai », les jeux du fini, de l'infini et de l'indéfini ne me paraissaient pas si loin de ce que je commençais à apprendre, de Chateaubriand ou de Racine, de Phèdre, du pauvre Swann, sur les passions du cœur. Tiens ! il y avait des règles, il y avait des lois. Il y avait un ordre des choses. Je me demandais d'où il venait. Il était permis d'en parler, de le mettre en doute, de le contester. Et, dans une certaine mesure, il était possible de l'enfreindre.

Un peu plus tard, les philosophes et les géomètres de la Grèce antique, les Thalès, les Pythagore, les Héraclite, les Parménide, tous ceux qui cherchaient ce qu'il pouvait bien y avoir de sûr et de permanent dans ce monde si changeant, me faisaient tourner une tête que j'avais faible et légère. Parce qu'elle avait été introduite dans les programmes scolaires par le gouvernement de Vichy, je me refusais, à quatorze ans, à apprendre la cosmographie. Il me faudra attendre bien plus tard pour découvrir les livres de Stephen Hawking, de Trinh Xuan Thuan, de Brian Greene, de Léonard Susskind – *Une brève histoire du temps, La Mélodie secrète, L'Univers élégant, Le Paysage cosmique...* – qui continuaient à me laisser sur place, désemparé et ravi. Les chiffres, les étoiles là-haut et le temps qui passait même et peut-être surtout quand je ne faisais rien dans ma chambre commençaient déjà à me murmurer très bas que le monde était un secret. J'étais curieux. Je me disais obscurément que j'aimerais bien le percer.

une branloire pérenne

   Ce qui me frappe, chez moi, et il n'y a pas de quoi me vanter, c'est la contradiction. Vous me voyez sur mon fil, un balancier à la main, entre deux tentations ? L'ordre et le désordre, une grande gaieté et le chagrin, le silence et la parole, ne rien faire et travailler, l'indifférence et l'attachement. Un coup, je tombe d'un côté ; un coup, je me rejette de l'autre. Est-ce que tout le monde est comme ça, hésitant, cyclothymique, toujours en train de changer, jamais très sûr de soi, tantôt fou de bonheur et tantôt accablé ? Je me demande souvent si la contradiction et le doute ne sont pas le propre de tous les hommes, de leurs jugements si incertains, de leur langage capable de tout. Dieu, l'éternité, la mort – quelles délices ! – ne sont pas contradictoires. Ils ne sont pas la proie du doute. Tout ce qui est plongé dans la vie et dans le temps est frappé d'incertitude.
   Dans ce genre-là, en tout cas, dans le style inquiétude et insatisfaction, j'ai toujours brillé de

mille feux. J'admire beaucoup les imbéciles qui ne doutent pas d'eux, qui avancent tout droit sans regarder ni à droite ni à gauche, enfermés dans leurs certitudes, et qui se soucient comme d'une guigne de ce qu'ils auraient pu être et qu'ils ne sont pas. Je ne cesse jamais de me dire que j'aurais dû prendre un chemin différent, que j'aurais mieux fait d'être un autre. Je pousse la contradiction si loin qu'il m'arrive aussi de me foutre éperdument de toutes ces ratiocinations et de vivre comme ça, au jour le jour, sans me poser la moindre question et en me moquant de tout ce qui peut ressembler à des scrupules et à des atermoiements. Le ver est pourtant dans le fruit et la petite chanson n'est jamais loin : « Quel ennui d'être moi ! À quoi bon ? Qu'est-ce que je fais là ? » Il y a une fêlure entre moi et moi qui ne demande qu'à se rouvrir. Je suis de la famille de ceux qui s'interrogent sans fin sur eux-mêmes et sur le monde et dont le ressort est l'insatisfaction.

Je me réclame de deux maîtres illustres : Montaigne et Chateaubriand. En bon élève de Pyrrhon et de Sextus Empiricus, Montaigne multiplie les formules de méfiance, non seulement envers sa propre personne, mais à l'égard de la vérité et de notre fameuse réalité : « Sans pencher », « Je suspends », « Je ne saisis pas », « Que sais-je ? », « Je m'abstiens ». Il n'a pas grande estime de lui-même et le monde, qui « n'est que variété et dissemblance », prend surtout, à ses yeux, l'allure peu rassurante d'une « branloire pérenne ». Oui, une branloire pérenne, voilà ce qu'est, depuis toujours, le monde autour de nous.

une cellule sur un théâtre

Chateaubriand, c'est autre chose. Il est sûr de lui. Il ne doute pas beaucoup. Il a des convictions. Il construit sa statue. Ce n'est pas lui qui, à la façon de Rousseau, sans pudeur ni retenue, irait tout raconter sur lui-même. Il se tient droit, il avance dans le cortège des puissants de son temps, il surveille ce qu'il dit, il offre son meilleur profil. Son truc, c'est la contradiction. Il est monarchiste, et même ultra, et il défend la liberté. Le parti des Bourbons, auquel il appartient, se méfie plutôt de lui – « M. de Chateaubriand verrait si loin, se plaignait Louis XVIII, s'il ne se mettait pas toujours devant lui » –, et le parti du mouvement, qu'il chérit peut-être en secret mais qu'il combat, passe le plus clair de son temps à lui tresser des lauriers. Il méprise les honneurs, et il les accumule. L'argent est le dernier de ses soucis, et il s'arrange assez bien pour ne jamais en manquer. Il craint Dieu, et, couvert de femmes qui travaillent toutes à sa gloire et qu'il traite souvent assez mal, il ne craint pas le sérail.

Le monde est amusant. Comme Ronsard, comme Corneille, comme Racine, Montaigne et Chateaubriand sont tous les deux catholiques. Montaigne, qui se méfie de tout, est un catholique sceptique. Chateaubriand, qui s'occupe d'abord de lui-même, est un catholique épicurien. Ce qu'il voudrait, c'est tantôt disparaître dans un couvent et tantôt, admiré de tous, être le centre de l'univers. Il rêve tour à tour d'être illustre et inconnu. Ce qu'il lui faudrait, c'est une cellule sur un théâtre.

Persuadé que la vérité est pour nous hors d'atteinte, je me range avec modestie dans la troupe innombrable des disciples de Montaigne. Perclus de contradictions, je n'ai jamais cessé d'aimer et d'admirer Chateaubriand.

rien

Montaigne et Chateaubriand ont tous les deux lié leur nom à un livre qui se confond avec leur vie. « Je n'ai pas plus fait mon livre, écrit Montaigne, que mon livre ne m'a fait, livre consubstantiel à son auteur, d'une occupation propre, membre de ma vie ; non d'une occupation et fin tierce et étrangère comme tous les autres livres. » Chateaubriand, qui était tout sauf paresseux, a beaucoup écrit et il se considérait lui-même comme « une machine à faire des livres ». *Génie du christianisme* et *Les Martyrs* sont des ouvrages importants qui ont marqué leur époque et, n'en déplaise à Sainte-Beuve qui ne l'aimait guère malgré un article élogieux, la *Vie de Rancé* est un chef-d'œuvre. C'est pourtant à un seul monument dont la rédaction s'étale sur près d'un demi-siècle, de la mort de Pauline de Beaumont à Rome en 1803 à la mort de l'auteur en 1848 – les *Mémoires d'outre-tombe* – que notre vieux vicomte doit sa gloire.

Qu'ai-je donc fait

À l'origine de toute la littérature occidentale jusqu'à nos jours, Homère, s'il a jamais existé, ce que je crois, est l'auteur de deux livres – l'*Iliade* et l'*Odyssée* –, si extraordinairement différents par la construction et l'allure et pourtant si semblables par le génie et par les détails qu'il est permis de soutenir qu'ils n'en font qu'un. Et que leur auteur légendaire s'inscrit, le premier à tous les titres, dans la liste glorieuse des écrivains à œuvre unique. On pourrait dire la même chose de Virgile, de Dante, de Rabelais, de Cervantès, de Proust. Plusieurs étages plus bas, dans des domaines étrangers l'un à l'autre, de La Rochefoucauld, de Mme de Sévigné, de Saint-Simon, de Rimbaud.

À distance astronomique de ces étoiles de première grandeur, j'ai toujours rêvé, à la façon, en plus modeste, de *Point de lendemain* de Vivant Denon ou des *Trophées* d'Heredia – ou, si vous préférez d'*Arsène Lupin* de Maurice Leblanc ou de *Fantômas* de Souvestre et Allain –, d'être l'homme d'un seul livre. C'est raté, évidemment. Non seulement, et ce n'est pas grave, j'en ai écrit plusieurs ; mais encore, et c'est mortel, au sens où je l'entends je n'en ai écrit aucun. Qu'ai-je donc fait ? La vie est dure. Elle est cruelle. Il n'est pas exclu que la réponse soit : rien.

deux histoires juives

Il n'est pas exclu non plus que, non seulement la question telle que je viens de la poser, mais même la réponse putativement négative apparaissent au lecteur d'une légère suffisance. Avec Chateaubriand, avec Montaigne, je pète plus haut que mon cul. Racontons une histoire juive pour me faire pardonner.

J'aime beaucoup les histoires juives. Non pas les ignobles plaisanteries au relent antisémite, mais ces paraboles métaphysiques, chères aux descendants d'Abraham, de Moïse, de Salomon, de l'Écclésiaste que nous sommes tous plus ou moins, à des degrés divers. J'ai souvent rapporté la formule censée servir de conclusion à une dispute entre rabbins sur la nature de Dieu : « Ce qu'il y a de plus important, c'est Dieu – qu'il existe ou qu'il n'existe pas. » J'ai déjà raconté plusieurs fois – « Ah ! il se répète... » – l'admirable histoire juive qui fournit la plus belle définition possible de la littérature.

Qu'ai-je donc fait

Il y a quelques milliers d'années, une terrible catastrophe menace le peuple de Dieu. Heureusement, un rabbin très sage sait ce qu'il faut faire dans ces cruelles circonstances : il faut se rendre en procession dans la forêt sacrée, allumer un feu selon le rite et prononcer une certaine prière. L'homme de Dieu accomplit ces gestes pieux, et la catastrophe s'éloigne. Il y a un peu plus de mille ans, nouveau danger. Un autre rabbin très sage est, lui aussi, au parfum. La forêt sacrée n'existe plus, mais il sait allumer le feu et réciter la prière. Tout rentre dans l'ordre à son tour. Il y a cinquante ans, encore une alerte. Malheureusement, la forêt a disparu depuis longtemps et personne ne sait plus allumer le feu comme il faut. Mais un pieux rabbin est là pour dire les mots de la prière. Et ils suffisent à conjurer le péril. Enfin, il y a quelques mois à peine, sous nos yeux, Israël, de nouveau, est menacé de destruction. La situation est plus désespérée que jamais. Il n'y a plus de forêt. La recette du feu sacré est perdue. Et tout le monde a oublié le texte de la fameuse prière. Mais, grâce à Dieu, par un miracle de l'esprit et du verbe, un rabbin très savant connaît encore cette histoire. Et, parce qu'il la connaît, le peuple élu est sauvé.

L'histoire qui me revient à l'esprit ce coup-ci vole un peu moins haut. Au fin fond de la Pologne, c'est-à-dire nulle part, une calèche s'avance sous la neige dans ce qui pourrait bien être la rue Krochmalna, si familière à Isaac Bashevis Singer. Derrière le gros cocher, couvert d'une lourde houppelande et dont on ne voit que le dos, deux assistants aux tresses bouclées et aux longues barbes en désordre, tout en noir sous leur kippa ou sous leur chapeau de feutre, entourent un fameux rabbin et l'accablent de leurs louanges et de leur admiration. « Mais qu'ai-je donc fait ? murmure le grand rabbin. Je suis peu de chose aux yeux des hommes. Je ne suis rien aux yeux de Dieu. Je ne suis rien. Et moins que rien. – O rabbi ! s'écrie le premier assistant, si toi, tu n'es rien, alors que suis-je, moi, qui ne suis que l'ombre de rien ? – Ah ! se lamente le deuxième assistant, si, toi, rabbi, tu n'es rien, et si ton premier assistant est moins que rien, alors, moi, où suis-je donc ? Plus bas, j'imagine, que la poussière de la terre. » À ce moment précis, un cri déchirant provient du devant de la voiture. La calèche s'arrête. Le cocher se retourne. Les larmes coulent sur son visage. Les sanglots l'empêchent de parler. « Oh ! balbutie-t-il avec effort, oh ! si le grand rabbi n'est rien, si son premier assistant est moins que rien, si son second assistant est très au-dessous de moins que rien, que suis-je, moi, pauvre de moi, qui ne suis qu'un misérable cocher qui n'a jamais rien fait ! » Alors, du fond de la calèche s'élève la voix du rabbi : « Non ! mais pour qui se prend-il, celui-là ? »

le cocher du rabbin

Je suis le cocher du rabbin. Je verse des larmes amères sur ma condition misérable, et ma modestie est un autre nom de l'orgueil. Je ne suis pas Montaigne et je ne suis pas Chateaubriand : je m'en remets assez mal. Descendons quelques marches. Puisque je n'ai écrit ni *Tendre est la nuit*, ni *Le soleil se lève aussi*, ni *Le Paysan de Paris*, qui sont déjà assez loin des *Essais* et des *Mémoires d'outre-tombe*, à quoi suis-je donc bon ?

Parlant de lui dans sa jeunesse Montaigne se plaint de son « esprit mousse », de son « invention lâche », de son désolant « défaut de mémoire ». Comme le cocher du rabbin, quels cris de désespoir ne devrais-je pas pousser ! Marguerite Yourcenar était entrée en littérature comme on entre en religion. Suis-je entré en religion ? Proust a accepté, et peut-être réclamé, de tomber malade pour être enfin contraint à s'enfermer dans sa chambre tapissée de liège où il fuyait à la fois le pollen qui lui faisait tant de mal et le monde qu'il avait trop aimé. Ai-je été trop heureux ?

   Si vous me demandiez ce que j'ai le plus regretté de cette vie qui se clôt derrière moi, je crois que je penserais d'abord à ma paresse contre laquelle j'ai essayé, mais le plus souvent en vain, de lutter comme j'ai pu et à cette difficulté que j'ai toujours ressentie devant un long engagement. Tout, dans cette vie que j'ai tant aimée, m'a été distraction. Beaucoup de choses m'ont tenté, souvent belles et plaisantes, souvent médiocres et sans intérêt. J'ai eu du mal à distinguer l'essentiel de l'insignifiant. Sans cesse à l'affût de la moindre promesse de plaisir et de tout ce qui pourrait m'empêcher de travailler, j'ai perdu beaucoup de temps à m'amuser de presque rien et j'ai toujours lu avec ravissement et avec une ombre d'angoisse les vers ailés de La Fontaine :

> *J'aime le jeu, l'amour, les livres, la musique,*
> *La ville et la campagne, enfin tout ; il n'est rien*
> *Qui ne me soit souverain bien,*
> *Jusqu'aux sombres plaisirs d'un cœur mélancolique...*
> *Papillon du Parnasse, et semblable aux abeilles,*
> *Je suis chose légère et vole à tout sujet ;*
> *Je vais de fleur en fleur et d'objet en objet.*

   Et l'image du bon Dumas, toujours en train de travailler dans les agitations de la vie et pondant des chefs-d'œuvre à une allure étourdissante, ou celle de Balzac, couché à six heures du soir, son « dîner dans le bec », levé à minuit, installé dans sa robe de chambre devant une cafetière fumante pour douze, seize, dix-huit heures de travail d'affilée au cœur de la nuit, puis tout au long du jour, et écrivant à sa sœur, Laure Surville : « On met bien du noir sur du blanc en douze heures, petite sœur, et au bout d'un mois de cette existence, il y a pas mal de besogne de faite », ont flotté au-dessus de moi comme un reproche perpétuel. Mon Dieu ! Pourquoi ai-je fait si peu de chose ? Je suis le cocher du rabbin.

le cul de la crémière

Mes rêves... Quels rêves ?... Avais-je des rêves ? Je ne sais pas. Mes rêves – ou peut-être mon absence de rêves – étaient plus grands que ma vie. Quelque chose d'informe s'agitait au-dessus de moi, et je m'abstenais d'y répondre. Parfois, sous une porte cochère, à un coin de rue, au détour d'un livre ou d'une conversation, le ciel s'ouvrait tout à coup. Dans le désordre, dans le tumulte, un monde me faisait signe. Je retenais mon souffle, je restais immobile un instant, le cœur en feu. Et puis, je repartais. Je m'en allais. Je me laissais emporter par les facilités de l'existence. Si je ne prends pas place dans la cohorte céleste de ceux dont les noms voltigent sur les lèvres des hommes, je ne peux en vouloir qu'à moi-même.

J'avais presque tout. À une époque où les privilèges sont mis en cause avec tant de violence, je les accumulais sur ma tête emportée par le vent. Je suis né sous une bonne étoile : j'ai toujours eu un toit pour dormir, je n'ai jamais eu vraiment faim, j'ai échappé aux catastrophes qui s'abattaient sur mon temps, j'ai eu le droit de faire des études, j'avais une bonne santé. Contrairement à tant de mes idoles à travers les siècles, je n'avais pas de pied bot, je n'étais ni sourd ni aveugle, je ne souffrais ni d'asthme, ni d'épilepsie, ni de gravelle, ni d'hallucinations, ni de la syphilis, ni de tuberculose. Tout juste, pour me rappeler ma condition, un risible rhume des foins avec un peu d'âpreté. Les esprits chagrins me diront que c'est là, précisément, que vient me blesser le bât d'une normalité aux confins de la médiocrité et qu'un peu de souffrance, et peut-être d'abord physique, est exigé à l'entrée de ce cercle magique dont rêvait ma jeunesse. Je manquais d'obstacles et de mélancolie. C'est une affaire entendue : j'aurais accepté de mourir si j'avais écrit *Don Quichotte*, *Les Métamorphoses* ou *La Jérusalem délivrée*. Aurais-je accepté d'être manchot, exilé, prisonnier, malheureux ? J'hésite. J'étais très gai. Il n'est pas impossible que j'aie toujours voulu le beurre, l'argent du beurre, et le cul de la crémière par-dessus le marché. J'ai eu le beurre, l'argent du beurre. Le cul de la crémière par-dessus le marché, c'était la littérature – et c'était plus difficile.

le grandécrivain

Allez ! Assez tourné autour du pot. Le ridicule ne tue plus personne. D'un bout à l'autre de ma longue existence, ce qui m'aura fait rêver – lâchons le mot –, c'est le *grandécrivain*.
Ah ! ah ! Ce que j'aurais voulu – mais comment l'avouer ? –, c'était écrire l'*Iliade* ou l'*Odyssée*, à la rigueur l'*Énéide* ou *La Divine Comédie*. De bonnes âmes me demandent souvent s'il m'arrive de vérifier la présence de mes opuscules sur l'atroce liste des *best sellers*. Je réponds que je m'en fiche. On ne me croit pas. On a tort. C'est la vérité. Et elle se situe au-delà de tous vos pires soupçons. Approchez. Approchez. Je vais vous dire quelque chose à l'oreille : ce ne sont pas les ventes qui m'intéressent, c'est d'être un *grandécrivain*. Mieux : le *grandécrivain*. Mieux encore : le dernier des *grandsécrivains*. Enfin, j'aspire à l'être. En vain, bien entendu.

Mais j'en prends la pose. Avec ironie, avec une charmante simplicité. Tout de même : la pose.

   Il y a un hic, un lézard, un ennui grave, un pépin : je n'ai encore écrit ni l'*Iliade* ou l'*Odyssée* ni *Don Quichotte de la Manche*. Ni même *Gatsby le Magnifique*. Et il n'est pas exclu qu'il soit un peu tard pour écrire quoi que ce soit de cette farine. Du coup, je retombe – d'assez haut – dans cette grande détresse qu'est la vie littéraire. Et je cours le risque de devenir ce désastre : un homme de lettres. À la garde !

les printemps de l'histoire

Hommes et femmes de lettres ont connu leur heure – et même leurs siècles – de gloire dans des sociétés où naissaient et triomphaient des idées nouvelles, des passions nouvelles, des sentiments nouveaux, et la langue qui les exprimait. Le modèle de ces sociétés reste Athènes au temps de Périclès. Géométrie, philosophie, littérature, histoire, théâtre, peinture, sculpture, architecture, tout éclot, tout se transforme, le talent coule à flots, les génies se bousculent, l'écriture grecque grimpe jusqu'au ciel, la langue d'Eschyle et de Platon devient la langue des dieux. C'est le printemps de l'histoire et l'origine de tout ce qu'il y a de meilleur dans nos espérances et dans notre grandeur.

Bien d'autres époques et bien d'autres lieux ont vu fleurir des civilisations où il devait être délicieux et excitant de vivre. Au milieu, comme toujours, de périls et de drames. À Bagdad, à la fin du VIIIe et au

Qu'ai-je donc fait

début du IXe siècle, dans les rêves des *Mille et Une Nuits*, sous Haroun al-Rachid qui envoie une horloge à eau à l'empereur Charlemagne, quatre ou cinq cents ans avant le sac de la ville par les Mongols d'Hulagu, le petit-fils de Gengis Khan. À Vienne, au XIXe et au début du XXe, entre Mozart et Sissi, entre Metternich et Sigmund Freud, avec Radetzky von Radetz et toute la bande des Strauss, avec le jeune Musil, avec le jeune Karl Kraus, quelques années avant cette catastrophe qu'a été l'écroulement de l'empire bicéphale. À Thèbes, à Tell el-Amarnah, à Karnak, à Louxor, sous Aménophis IV devenu Akhenaton ou sous Ramsès II, avec Moïse et tant d'autres, en dépit des Hyksos, des Hittites, de la bataille de Qadesh ou des Peuples de la mer. À Samarkand, en Transoxiane, dans le Khorasan, dans le Kharezm, avant ou après les batailles de Qadisiyya et de Nevahend où, surgis du désert, les Arabes l'emportent sur les Perses sassanides. À Juan-les-Pins, au début du XXe siècle, vers la fin des années vingt, dans des flots d'alcool et dans les déchirements du cœur, en compagnie de Scott Fitzgerald, de Zelda, des deux Murphy, Gerald et Sara, des deux Crosby, Caresse, qui avait inventé le soutien-gorge, et Henry, son mari, qui se tuera d'un coup de pistolet dans une chambre d'hôtel où il avait entraîné une maîtresse de passage. Dans la mosquée de Cordoue au temps d'Averroès et de Maïmonide, à Grenade, dans le palais de l'Alhambra, dans la cour des Lions ou des Myrtes, dans la salle des Deux-Sœurs, dans les jardins du Generalife, au temps des Abencérages. En Espagne, au Siècle d'or. En Chine,

Poeta fui e cantai

avec Lao-tseu et Confucius, ou sous les Tang ou les Ming. À Fathepur Sikri ou à Agra, avec Akbar, le plus grand de nos vieux Moghols. À Palerme, dans le palais royal, dans la chapelle Palatine, dans le cloître de Monreale, au temps de Frédéric II, arrière-petit-fils de Frédéric Barberousse et héritier des Normands de la maison d'Hauteville, dernier des grands Hohenstaufen avant la petite monnaie des Conrad, des Conradin et des Manfred, empereur d'Allemagne, roi de Sicile et de Jérusalem, génie universel entouré de savants et d'artistes venus d'un peu partout. À Florence ou à Sienne, presque n'importe quand, avec Cimabue, Duccio di Buoninsegna, Giotto, Pisano, Brunelleschi, Ghiberti, Donatello et tous ceux qui leur succèdent. À Venise, au temps de Giorgione, de Titien, de Sansovino, du terrible Arétin, du Tintoret, de Véronèse – quel rêve !... –, du Bucentaure et des courtisanes. Et nous, avant notre grande Révolution, nous avons eu en France nos grands salons littéraires.

« le grand siècle, messieurs... »

De l'hôtel de Rambouillet, de Julie d'Angennes, des Précieuses à la marquise de Lambert et à Mme de Tencin, mère de d'Alembert et aventurière de haut vol, de Mme Geoffrin à la charmante Julie de Lespinasse, de cette emmerdeuse-causeuse-lieuse de Mme de Staël au cénacle de Charles et Marie Nodier et à la Présidente aimée de Baudelaire, des mardis de Mallarmé, rue de Rome, à Mme Verdurin, on dirait volontiers des trois duchesses légendaires – Chevreuse, Montbazon, Longueville – à la duchesse mythique de Guermantes, règne la conversation.

Le sommet de la conversation, l'époque par excellence des salons et de leur influence, c'est notre XVIIIe. La chape de plomb que faisait peser sur ses sujets soumis le Roi-Soleil flanqué de Mme de Maintenon a fini par tomber. Dans la typologie sociale, l'homme de lettres remplace le courtisan. « Le grand siècle, messieurs, je veux dire le XVIIIe... » On se permettra de ne pas partager cette opinion de Michelet. Le temps des grandes orgues et de l'avalanche des génies – Descartes, Corneille, Pascal, Bossuet, La Fontaine, Molière, Boileau, Racine... – est déjà passé ou – Rousseau, Chateaubriand, Hugo, Nerval, Baudelaire... – n'est pas encore venu. Non, le XVIIIe n'est pas le grand siècle – le Grand Siècle, c'est le XVIIe –, mais c'est un siècle exquis, plein de charme et de gaieté avant le retour des ambitions et le vent qui souffle en tempête sur le Comité de salut public et sur la Grande Armée. Le XVIIIe est le temps de l'intelligence, de la tolérance, du culte de la beauté, de la révolte contre les pouvoirs, de la liberté des mœurs et de l'esprit. C'est l'époque des traits, des saillies, des répliques, de l'insolence, de l'indifférence au sacré et du triomphe de l'amour profane. Le roi est mort, vive nous ! Avant le déluge, amusons-nous.

« *l'amour est mon berger, mon maître...* »

Hommes et femmes de lettres ont dû s'amuser à la folie dans les salons du XVIIIe. Une dame demande à Bernis, futur ambassadeur à Venise et à Rome, futur secrétaire d'État aux Affaires étrangères, futur cardinal, élu à vingt-neuf ans – c'était le bon temps – à l'Académie française, une définition de l'amour. Surnommé Babet la Bouquetière, ce qui dit déjà presque tout, l'abbé trousse aussitôt quatre vers ravissants, moins légers qu'il n'y paraît puisque les distinctions sociales sont effacées par un sentiment plus fort que l'ordre établi :

L'amour est mon berger, mon maître ;
Il est aussi celui du valet et du roi.
Il a vos yeux, il a ma voix,
Mais il est un peu plus hardi, peut-être.

Poeta fui e cantai

Un autre poète amateur, resté anonyme, donne une version moderne, traduite de l'allemand – dont se servira à son tour Aldous Huxley, l'auteur de *Contrepoint* et du *Meilleur des mondes* –, des Bucoliques grecques ou latines :

Phyllis, plus avare que tendre,
Ne gagnant rien à refuser,
Un jour réclama de Lysandre
Trente moutons pour un baiser.

Le lendemain, nouvelle affaire.
Pour le berger, le compte fut bon,
Car il obtint de la bergère
Trente baisers pour un mouton.

Le lendemain, Phyllis, plus tendre,
Ne voulant déplaire au berger,
Fut trop heureuse de lui rendre
Trente moutons pour un baiser.

Le lendemain, Phyllis, peu sage,
Aurait donné moutons et chien
Pour un baiser que le volage
À Lisette donnait pour rien.

Un autre encore résume en deux vers assez vifs l'histoire biblique de Loth qui couche avec ses filles après s'être enivré :

Il but, il devint tendre,
Et puis, il fut son gendre.

Qu'ai-je donc fait

À une dame qui s'inquiète de son rétablissement, un convalescent déjà dans la deuxième moitié – ou le troisième tiers – de son âge, répond par ce quatrain dont allait se souvenir, après la Seconde Guerre, un ambassadeur de France en Allemagne occupée :

Toujours fidèle à ma conduite
Et sans trop nuire à ma santé,
Je tire encor deux coups de suite,
L'un en hiver, l'autre en été.

L'irrésistible maréchal-duc de Richelieu, petit-neveu du cardinal, grand-père du fondateur d'Odessa qui sera président du Conseil sous la Restauration – « Excellent choix, dira Talleyrand, c'est l'homme de France qui connaît le mieux la Crimée » –, grand séducteur devant l'Éternel, précurseur plus vrai que nature du roman de Laclos, frappe en vain à la porte d'une princesse du sang qui refuse de lui ouvrir. « Ah ! madame, s'écrie-t-il, si vous saviez avec quoi je frappe. » Et, rattrapé par l'âge mais toujours amoureux, il répond à une bonne âme qui s'inquiète de savoir comment il compte se sortir de la situation difficile où il s'est mis avec une jeune personne qu'il poursuit de ses assiduités : « Ce qui m'inquiète, ce n'est pas de m'en sortir, mais plutôt d'y entrer. » À une comédienne aperçue sur une scène, un grand seigneur fait passer un billet dans une corbeille de fleurs : « Quand on vous voit, on vous aime. Quand on vous aime, où vous voit-on ? »

Poeta fui e cantai

On comprend ce vieux marcheur de la Belle Époque ou des Années folles qui, deux siècles plus tard, fera graver sur sa tombe :

Il naquit au XIXe.
Il mourut au XXe.
Il vécut au XVIIIe.

un patriarche

Dans ce décor de boudoir, dans ce comble de la culture, de la civilisation, de la subtilité, du raffinement, ce qui frappe, entre Racine et Chénier, c'est l'absence totale de poètes et le petit nombre de très grands prosateurs. Tout le monde écrit. De Lesage, l'auteur du *Diable boiteux* et de *Gil Blas de Santillane*, à l'abbé Prévost, l'auteur d'*Histoire du chevalier Des Grieux et de Manon Lescaut*, les talents ne manquent pas. Mais il y a peu d'écrivains de la taille des grands anciens du siècle précédent : Montesquieu, évidemment, héritier laïque et ironique de Bossuet, ancêtre de Tocqueville et de Max Weber ; Diderot, bien sûr, le novateur ; Marivaux, virtuose de la conversation amoureuse ; Choderlos de Laclos. C'est à peu près tout. Buffon, au style brillant, Condillac, d'Alembert sont d'abord des philosophes et des savants. Saint-Simon, qui écrit ses Mémoires au XVIIIe et qui meurt après Montesquieu, appartient de toutes

Poeta fui e cantai

ses fibres au siècle de Louis XIV – ou plutôt de Louis XIII. Beaumarchais, précurseur de la Révolution, André Chénier, sa victime, Rousseau, le génie fou, annonciateur du romantisme, du socialisme d'État, de la psychanalyse, de l'autofiction, de l'écologie, appartiennent déjà à un autre monde. Vauvenargues, Chamfort, Rivarol, souvent émouvants et toujours bons compagnons, ne boxent pas dans la même catégorie. Et les deux derniers sont déjà happés par la Révolution.

Ah ! Mon Dieu ! Et Voltaire ! Voltaire ! Voltaire ! Voltaire ? Voltaire, avec un talent sans égal, appartient au boudoir. S'il avait vécu encore vingt ans, il aurait émigré sous une Révolution qu'il a contribué à déchaîner. Auteur d'ouvrages historiques, de quelques jolis contes – notamment de *Candide*, instrument de combat contre l'optimisme théologique de Leibniz –, d'une très belle *Lettre sur la tolérance* et de vers franchement médiocres, il est l'homme de lettres par excellence. Ce qu'il y a d'ailleurs de mieux dans son œuvre, ce sont ses lettres. Il est l'homme de lettres en chef. Très loin des grands ancêtres, il marque le déclin du classicisme dont il ferme la marche. Il est le patriarche des hommes de lettres. Ce n'est pas lui qui fera trembler de fièvre les générations à venir ni les jeunes gens éperdus. À la différence de Pascal, de Corneille, de Racine, peut-être de Bossuet, de Chateaubriand en tout cas, de Hugo, de Nerval, de Baudelaire, d'Apollinaire, d'Aragon, il n'arrache ni larmes d'émotion ni cris d'admiration. Je ne connais pas de garçon ni de fille à qui la lecture

Qu'ai-je donc fait

de Voltaire, si savant, si spirituel, si triomphant, inspire le désir de devenir écrivain. Personne n'est aussi intelligent que Voltaire et aucun écolier n'écrira jamais sur son cahier quadrillé : « Être Voltaire ou rien. »

plutôt taxi qu'homme de lettres

À l'inverse de la condition d'écrivain, la condition d'homme de lettres m'a toujours paru pitoyable. Aussi sinistre que celle de notaire, de banquier, de directeur – quelle formule ! – des ressources humaines, de surnuméraire à l'administration centrale. Mieux vaut être artisan, commerçant, ouvrier, agriculteur. Ou soldat – dans la Légion, bien sûr, très bien –, ou comédien. Ou marin, évidemment. *Vivere non necesse, navigare necesse.* Ou chauffeur de taxi, très supportable, j'imagine, ou pêcheur, ou serveur dans un bistrot, pour se faire décrire par le vieux Sartre. Ou ne rien faire du tout et vivre de la charité publique ou privée. Même si je ne voulais rien devenir de tout cela, le savant, l'érudit, l'amateur de jeux de mots, d'acrostiches, d'holorimes, de contrepéteries, de palindromes, de haïkaï ou de lipogrammes – bien avant Pérec et sa *Disparition* où ne figure aucun *e*, Nestor de Caranda a récrit l'*Iliade* et

Qu'ai-je donc fait

Tryphiodore l'*Odyssée* en éliminant de chacun des vingt-quatre chants de ces deux ouvrages la première lettre de l'alphabet dans le premier chant, puis la deuxième dans le deuxième chant, puis la troisième dans le troisième chant, etc. : pas d'alpha dans le premier chant, pas de bêta dans le deuxième, pas de gamma dans le troisième... –, je n'ai jamais manqué de leur porter de l'estime, de l'envie, parfois de l'admiration. Un peu lointaines, peut-être. Mais réelles. L'homme – ou la femme – de lettres, c'est une autre paire de manches.

Occupée surtout de combinaisons et d'intrigues, toujours en train de surveiller ses confrères, image même de la conscience malheureuse, sa silhouette falote, vaniteuse et tourmentée flotte à travers les siècles. Chez Platon, déjà, où les sophistes préfigurent nos gens de lettres, chez Aristophane, chez Horace, puis chez Rabelais avec ces bafouilleurs de Trouillogan et de Janotus de Bragmardo, chez Boileau où ils pullulent, chez Molière avec Oronte et son sonnet ridicule, chez Rivarol ou Chamfort – lequel des deux glisse à un bel esprit qui laisse des papiers griffonnés dépasser largement de la poche de son habit : « Méfiez-vous ! Si on ne vous connaissait pas, on vous les volerait » ? –, chez Balzac et chez Proust, chez Céline qui, autrement violent que moi, les traite de « crapauds des lettres, épileptiques de haine, de sottise et de médiocrité vexée », vous voyez passer de pauvres hères, la bave aux lèvres, des idées biscornues, des lauriers, des contrats, des rêves de prix dans la tête, un manuscrit à la main, dont ils ne cessent jamais de parler.

Il paraît que, même chez nous, en France, où elle a longtemps prospéré, la vie littéraire, si brillante durant un demi-millénaire, est en train de s'étioler. La littérature est-elle en déclin ? On en discute, on ne sait pas, les uns disent oui, les autres disent non. Les réunions d'écrivains, en tout cas, et les mouvements littéraires ont perdu de leur éclat. Ah ! bon. Ce n'est pas qu'on n'écrive plus : les manuscrits fleurissent comme jamais. Les gens ne lisent peut-être plus, mais ils écrivent. Mannequins, cyclistes, confiseurs, footballeurs, assureurs, repris de justice y vont de leur production et, en nombre de navets, chaque rentrée littéraire bat les records de l'année précédente. Mais il n'y a plus de cafés littéraires, plus d'écoles littéraires, plus de salons littéraires, plus de manifestes littéraires. On dirait que la veine s'est épuisée. La Pléiade, le classicisme, le romantisme, le Parnasse, le naturalisme, le symbolisme sont des souvenirs d'un autre monde. Breton est derrière nous, avec son surréalisme. Jules Romains est derrière nous, avec son unanimisme. Camus est derrière nous, avec son roman de l'absurde. Sartre et Beauvoir sont derrière nous, avec leur existentialisme. Robbe-Grillet est derrière nous, avec son nouveau roman. Paix à leurs cendres. Il n'y a plus guère de mécènes pour nourrir les écrivains et pour les rassembler. Il n'y a même plus « Apostrophes », ni « Bouillon de culture » qui avaient succédé aux hôtesses, à leurs déjeuners au Meurice, à leurs raouts d'Auteuil ou du quartier des

Qu'ai-je donc fait

ministères, aux cafés enfumés de Saint-Germain-des-Prés. On n'a plus le droit de fumer. Pourquoi se réunir ? Il y a des livres innombrables, orphelins, épars, et il y a des hommes − et des femmes − de lettres qui ne savent plus où donner de la clope ou de la pipe ni à quel saint patron se vouer. La vie littéraire s'est changée en un désert surpeuplé sans la moindre oasis. Ah ! oui, dans le monde où nous vivons, plutôt taxi qu'homme de lettres.

conseils à un jeune écrivain

Ne gâche pas ton temps. En apparence, si lent, si long, inépuisable, sans fond, le temps passe très vite. Un jour, tu te retournes et tu découvres qu'il n'y en a plus.

Ne t'occupe pas trop de la vie littéraire. Lis des livres, et écris-en.

Chacun est ce qu'il mange, ce qu'il voit, ce qu'il entend, ce qu'il respire. Un écrivain est ce qu'il lit.

Ne lis pas n'importe quoi. Lis plutôt les grands livres dont tout le monde parle sans les lire.

Qu'ai-je donc fait

Lis surtout ce qui te plaît. Un bon livre est un livre qui te plaît. Et si tu as mauvais goût en lisant ou en écrivant, c'est que tu n'es pas fait pour la littérature.

Tu as le droit de te moquer de la littérature. Et des littérateurs, le devoir.

La mode est un des moteurs de la littérature. Et elle est son pire ennemi.

Les espérances sont comme les femmes : les plus belles ne sont pas plus inaccessibles que les autres. Mieux vaut viser Rimbaud ou La Bruyère et rester loin derrière que viser Bordeaux ou Feuillet ou Sartre ou Eugène Sue et risquer de les atteindre.

Qu'est-ce que la littérature ? est la question que se posent ceux qui ne l'aiment pas beaucoup

Il n'est pas interdit d'aimer, et même à la folie, ces deux vers tout simples et apparemment plutôt plats de Musset :

*Il se fit tout à coup le plus profond silence
Quand Georgina Smolen se leva pour chanter.*

Poeta fui e cantai

Personne ne sait qui était Georgina Smolen. Mais on la voit. Il y a, à travers le monde, un club des amis de Georgina Smolen. Il n'a pas de réalité. Mais il existe.

Il est permis de penser qu'Étienne Durand (brûlé vif à vingt-trois ans), Saint-Amant (malgré Boileau qui l'éreinte), Drelincourt (pasteur), Toulet (drogué, bohème, fantaisiste) sont de grands poètes.

Ce que l'on conçoit bien s'énonce clairement
Et les mots pour le dire arrivent aisément.

Ah ! ah ! c'est de cette vieille (et géniale) baderne de Boileau.

Un écrivain véritable ne trouve pas ses mots. Alors, il les cherche. Et il trouve mieux.

C'est de Valéry.

Nous sommes dans l'obscurité. Nous faisons ce que nous pouvons. Le reste est la folie de l'art.

Ça, c'est de Henry James, cité par Truman Capote. Tu pourras le citer à ton tour. Ce qui tombe dans le fossé est pour le soldat.

j'ai vieilli

Le rouge me monte au front. De quel droit ai-je l'audace de distribuer autour de moi, comme des billets de tombola, comme des tracts politiques promettant monts et merveilles, des conseils à un jeune écrivain ? Pour prendre l'attitude d'un bateleur rameutant des chalands, d'un ivrogne en train d'interpeller des passants qui hâtent soudain le pas et détournent le regard, qu'ai-je donc fait ? Je connais la réponse. À la façon de l'héroïne de *Zazie dans le métro*, le livre enchanteur de Queneau, j'ai vieilli.

J'ai fait comme tout le monde, ou au moins, comme la plupart – comme ceux qui ont eu la chance de ne pas mourir tout de suite : j'ai longtemps été jeune. Et puis, tout à coup, selon une formule si souvent entendue, j'ai pris l'air plus jeune que jamais : au coin de la rue de la vie, j'étais soudain devenu vieux. Quand on me demandait hier de quel concours je sortais, je répondais avec désinvolture :

Poeta fui e cantai

« D'un heureux concours de circonstances. » On me demande aujourd'hui ce que je suis devenu. Ce que je suis devenu ? J'ai d'abord été un jeune con, j'ai changé : je suis devenu un vieux con. J'en ai l'autorité, l'expérience, les vertus. En littérature aussi, comme ailleurs, on grimpe à l'ancienneté. Je sème des conseils à tout vent parce que je ne suis pas mort.

le temps de l'imposture

Peut-être en ai-je dit assez pour persuader le lecteur que la place modeste que j'occupe dans notre littérature ne m'est pas montée à la tête. À vingt ans, je détestais l'importance. Je la déteste toujours. Et la mienne plus que les autres. Réussir m'a toujours paru louche. Pourquoi ? Parce qu'il me semblait hier et il me semble encore aujourd'hui que toute espèce de posture est d'abord une imposture.

Il faut dire que nous vivons dans un temps où l'imposture est reine. Elle a toujours régné, elle n'a jamais cessé de tenir le haut du pavé. Les cimetières sont pleins de puissants et d'habiles qui se sont fait passer pour importants et dont les noms ne disent plus rien à personne. Ce qu'il y a de nouveau, c'est le pouvoir des médias : il donne à l'imposture une dimension de masse et une justification démocratique. Sur la politique peut-être, sur la littérature et les arts en tout cas, sur la plupart de nos activités, le soleil noir de l'imposture luit plus fort que jamais. Dans son merveilleux *Journal*, Jules Renard notait déjà qu'il lui arrivait d'être agacé par le succès des autres mais moins que s'il était mérité. Que dirait-il aujourd'hui ? La médiocrité est portée aux nues. Les navets sont célébrés comme des chefs-d'œuvre. Ce qui sera oublié dans trois ans est l'objet d'un tintamarre qui finit pas rendre insignifiants pêle-mêle le meilleur et le pire. Les œuvres dignes d'estime ne manquent pas autour de nous. Elles sont emportées dans les flots de la nullité acclamée. La distinction entre ce qui est honorable et ce qui ne l'est pas, entre ce qui est durable et ce qui ne l'est pas se révèle de plus en plus ardue. Peut-être de plus en plus risquée. La mauvaise monnaie finit par déprécier la bonne.

À peine ai-je écrit ces mots que je me demande si tout ce que j'ai fait et moi-même ne relevons pas aussi de l'imposture.

un tribunal secret

L'angoisse n'est pas mon fort. Je n'ai pas peur de l'existence. Elle a été pour moi aussi amicale que possible. Je me suis passé d'assez peu de choses – mais je me suis passé du soutien de la psychologie, de la psychanalyse et de la psychiatrie. Je n'ai même pas eu à employer la formule de Woody Allen : « J'ai quitté mon psychanalyste quand j'ai compris qu'il était guéri. » Je n'ai jamais ressenti le besoin de m'étendre sur un divan pour parler d'une enfance dont je n'avais pas à me plaindre et dont je ne conservais que des souvenirs lumineux. La psychanalyse, dont Karl Kraus disait que c'est une maladie qui se prend pour son remède, a été une des grandes affaires de mon époque. Je ne l'ai pas méprisée : du moins en ce qui me concerne, j'ai pu me payer le luxe de l'ignorer.

Ce que je n'ai pas ignoré, ce sont les souffrances de l'écriture. Je n'ai pas de mal à écrire – la page

Poeta fui e cantai

blanche, le vertige des mots, la panne d'inspiration et tout le bazar, je m'en arrange assez bien – mais ce que j'écris me tourmente. Chaque livre commencé me demandait, pour l'achever, un travail de tous les instants. Et chaque livre achevé m'a toujours paru inégal à l'image, en vérité assez floue, que je m'en faisais en le commençant. Je n'écrivais ni pour moi-même ni pour les autres. J'écrivais pour un tribunal implacable et secret, tapi dans les brumes de l'avenir et dont je ne savais rien. Les membres de ce tribunal étant impossibles à atteindre et même à discerner puisqu'ils n'existaient pas encore, j'étais contraint d'écrire pour une espèce de sur-moi, plus dur que tous les lecteurs. À Maxime Du Camp, avec qui il allait publier – un chapitre, l'un ; un chapitre, l'autre – *Par les champs et par les grèves* et qu'il aimait tendrement malgré leurs divergences, Flaubert confiait avec superbe en juin 1856 : « Être connu n'est pas ma principale affaire. Je vise à mieux : à me plaire, et c'est plus difficile. Le succès me paraît être un résultat et non un but. Nous ne suivons plus la même route, nous ne naviguons plus dans la même nacelle. Moi, je ne cherche pas le port, mais la haute mer. Si je fais naufrage, je te dispense du deuil ! »

*une histoire de l'avenir depuis les temps
les plus reculés*

Je me présente devant le tribunal suprême et secret qui se confond peut-être avec moi. Quel a été mon dessein, si vague et si flou qu'il peut à peine s'exprimer ? Qu'ai-je donc essayé de faire avec plus ou moins de succès ? En tout cas, autre chose. Par pitié, autre chose. J'ai refusé de répéter, en moins bien, ce qui avait déjà été fait. Je n'ai pas souhaité m'inscrire, au deuxième ou troisième rang, dans la grande lignée, que je respecte, mais de loin, des romans psychologiques de la société française. Je n'ai aspiré ni à être Chardonne, si cher à François Mitterrand, ni à imiter Mauriac, dont *Les Chemins de la mer* m'ont ébloui, ni à rivaliser avec Martin du Gard, dont *Les Thibault* ont enfiévré ma jeunesse jusqu'à me précipiter – avec *Notre avant-guerre* de Brasillach et *Les Hommes de bonne volonté* de Jules Romains – au 45, rue d'Ulm. Les faits divers m'ennuyaient, la province ne

Poeta fui e cantai

m'inspirait pas, je regardais d'un œil sec les tumultes d'ambition et de sensualité de la vie parisienne, l'adultère m'était indifférent. Le sexe, c'est bien, mais, en littérature au moins, c'est très répétitif. Gide, Proust, Aragon, Saint-John Perse, Valéry étaient des divinités lointaines et inaccessibles qui, toutes, avaient entrepris autre chose. Elles me faisaient tourner la tête. « La marquise sortit à cinq heures » avait pris pour moi des allures d'obsession. Même s'ils ne me convainquaient pas toujours − leurs théories étaient plus fortes que leurs œuvres −, les surréalistes m'épataient : ils condamnaient le roman. Trois cent cinquante ans après Mme de La Fayette, plus d'un siècle ou un siècle et demi après Stendhal et Flaubert, après Dickens, après Tolstoï et Dostoïevski, il me paraissait presque impossible de faire ouvrir des portes et descendre l'escalier à de malheureux personnages guettés par l'ennui et par le ridicule. Je sais bien ce que j'aurais voulu écrire : une histoire de l'homme depuis les origines, une histoire d'un passé qui se perdait dans les sables, une histoire de l'avenir depuis les temps les plus reculés.

une année bien remplie, surtout vers la fin

Je n'écrivais pas, dans ma jeunesse, aux écrivains que j'admirais. Je n'avais pourtant pas pu m'empêcher d'adresser à Paul Valéry quelques lignes hystériques. Il m'invita à venir le voir. Il habitait rue de Villejust – qui s'appelle aujourd'hui rue Paul-Valéry –, pas très loin d'une maison de passe en ces temps-là assez fameuse. Il me demanda ce que je faisais. Je lui répondis que je venais de renoncer à l'histoire et que je me tournais vers la philosophie. Il me félicita pour l'histoire et se désola pour la philosophie : il détestait l'une et l'autre. « Mais alors, que faire ? m'écriai-je au bord des larmes. Que faire ? Que faut-il faire ? – Des mathématiques », me dit-il.

Les mathématiques, la cosmologie, la physique, la biologie, la paléontologie m'étaient affreusement étrangères. La philosophie aussi, d'ailleurs. J'étais pourtant capable de faire semblant de la comprendre, d'entrer dans les vues de Platon, de Spinoza, de Hegel, de patauger dans la logique formelle et dans la sociologie.

Les sciences exactes n'étaient pas mon affaire. Mais elles me faisaient rêver. Euclide, Archimède, Ptolémée, Tycho Brahé, Copernic, Kepler, Galilée, Newton, Einstein et toute sa bande m'apparaissaient comme des héros de roman qui ne le cédaient en rien aux Alexandre, aux César, aux Gengis Khan, aux Tamerlan, aux Akbar, aux Don Quichotte, aux Merteuil, aux Julien Sorel et aux Fabrice del Dongo.

Je voyais bien que Darwin, Marx et Freud – « le charlatan de Vienne », disait Nabokov avec son accent russe et chantant – n'appartenaient pas à cette famille des sciences d'airain et de diamant qui n'échappaient sans doute ni au vieillissement ni à l'erreur mais qui s'approchaient au plus près de ce que nous baptisons vérité. Eux prenaient des distances avec les nombres qui étaient au cœur de l'univers. Ils ne mesuraient pas le monde. Ils l'interprétaient. Ils ne disaient pas ce qui est. Ils murmuraient ce qui pourrait s'être déroulé dans le passé et ce qui pourrait arriver dans l'avenir. Ils se situaient quelque part entre science et poésie, entre savoir et imagination. Mais ils partageaient avec les géomètres et les astronomes un statut de géant qui me faisait chavirer.

Je compris un beau matin que l'histoire des hommes, minuscule épisode de l'histoire immense de l'univers, pouvait être ramenée aux dimensions d'une journée, d'un mois, d'une année. Si vous compressez en douze mois l'aventure humaine depuis ses origines, si vous choisissez de représenter ce roman que nous appelons notre histoire depuis deux millions et demi d'années sous les espèces d'un calendrier qui court sur une année, vous obtenez quelque chose comme ceci :

Qu'ai-je donc fait

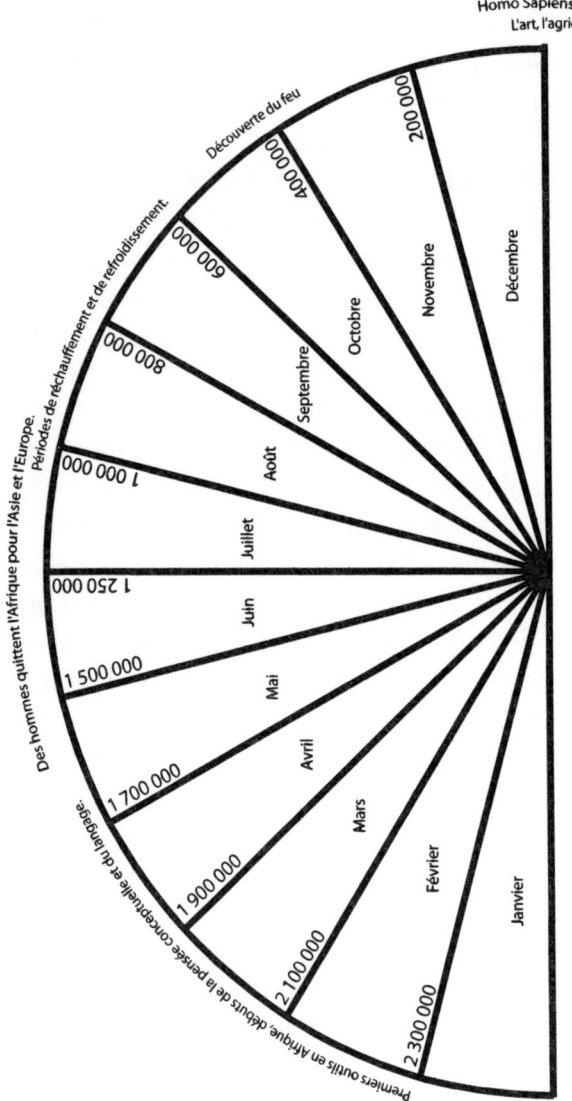

Poeta fui e cantai

Bien avant notre tableau, pendant une dizaine de millions d'années, des primates se transforment peu à peu et se divisent en gibbons, en orangs-outans, en gorilles, en chimpanzés, en bonobos – et en hominidés, encore proches de leurs cousins simiesques et déjà sur le chemin de l'homme. Quand s'ouvre notre calendrier de deux millions cinq cent mille ans reportés sur une seule année, il ne se passe presque rien à nos yeux d'aujourd'hui – et pourtant beaucoup de choses décisives et très lentes – jusqu'au début de l'été. C'est-à-dire pendant plus d'un million d'années. Tout au long des six mois de l'hiver et du printemps, les hominidés se distinguent de leurs ancêtres. À la fois dans leur corps et par leur activité. Ils se dressent sur leurs deux jambes. Ils regardent vers le ciel. Et ils se servent de leurs mains. Ils commencent, sous le nom d'hommes, à tailler des pierres en forme d'outils. Parce que leur constitution et leur cerveau se modifient, leur pensée se développe. Le langage apparaît. Vers le milieu de l'été, de petits groupes d'entre eux quittent leur Afrique natale pour gagner, en un mouvement presque insensible, proche de l'immobilité, les terres inhabitées qui deviendront l'Asie et l'Europe. Ils ne sont pas nombreux, en ces temps-là. Ils sont forts et résistants, et pourtant fragiles et désarmés au milieu des périls de toutes sortes et des bêtes sauvages dont ils ne diffèrent pas beaucoup. Ils ne sont pas grands. Ils meurent très jeunes : ils vivent rarement au-delà de vingt-cinq ou trente ans. À plusieurs reprises, leur destin collectif semble gravement menacé. Par le climat, par l'environnement, par la

Qu'ai-je donc fait

maladie. Il faudra attendre novembre pour qu'ils apprennent à se servir d'une force nouvelle et effroyable : le feu. Tout ce que nous considérons comme notre histoire immémoriale, perdue dans la nuit des temps, s'accumule et se presse, à un rythme endiablé, dans les dernières minutes, dans les dernières secondes du 31 décembre.

plus loin que les hommes

Voilà ce que j'aurais voulu faire. Voilà ce que j'aurais dû faire. Raconter l'histoire des hommes, de leurs succès, de leurs échecs, de leurs espérances, toujours trompées et toujours renaissantes, depuis les origines. Comme Tolstoï racontait la guerre des Russes contre la Grande Armée, comme Stendhal racontait les aventures de quelques jeunes gens au lendemain de la chute de Napoléon, comme Zola racontait l'histoire sociale du Second Empire, comme Jules Romains racontait Paris et la province dans la première moitié du xxe siècle. Étendre ces aventures jusqu'à l'invention du zéro, des chiffres, de l'écriture, jusqu'à la conquête du feu, jusqu'à l'irruption du langage dans le monde du muet. Passer d'un romanesque restreint à un romanesque généralisé. Ou, au moins, essayer. Faire de mon mieux. Aller vers la haute mer, et peut-être faire naufrage.

Qu'ai-je donc fait

Dans mes rêves les plus fous, j'allais plus loin que les hommes. Les hommes remontaient à quelques centaines de milliers d'années, les australopithèques et les hominidés, nos lointains ancêtres, à quelques millions d'années, les primates, dont nous descendons, à quelques dizaines de millions d'années. Et avant ? Une des grandes questions romanesques de l'homme a toujours été : « Que se passa-t-il après ? » Une autre question à jamais lancinante est : « Que se passait-il avant ? » Avant, il y a un peu moins de quatre milliards d'années, la vie apparaissait sur notre petite planète excentrée. Avant encore, il y a cinq milliards d'années, le Soleil, la Lune, la Terre se mettaient en place. Plus loin encore, pendant près d'une dizaine de milliards d'années, la tête commence à nous tourner, il ne se passe pas grand-chose à l'aune de nos ridicules sentiments et de nos passions dérisoires – c'est-à-dire, à nouveau, une foule d'événements minuscules et gigantesques, propres à nous dresser les cheveux sur la tête et à nous glacer le sang – dans un univers sans pensée, sans hommes, sans vie où, en l'absence des astres qui font nos jours et nos nuits, nos saisons, nos années, on se demande ce que pouvaient bien être un temps sans repères et un espace sans mesures.

Le roman de l'énergie, des gaz, des particules, des trous noirs, des galaxies en train de se former et de filer vers un horizon qui n'existe pas encore, le roman de la vie, de la bactérie aux algues, des algues aux dinosaures, des dinosaures disparus il y a soixante-cinq millions d'années dans une catastrophe planétaire jusqu'à Picasso, à Gandhi, à Einstein, à Woody Allen, voilà ce qu'il aurait fallu écrire. Et que je n'ai pas écrit. Qu'ai-je donc fait ?

bribes

De ce grand roman de l'univers, je n'ai écrit que quelques bribes. *La Création du monde*, *Presque rien sur presque tout*, un peu de *Dieu, sa vie, son œuvre* dont le titre n'était pas si mal.

De l'aventure des hommes, j'ai présenté un résumé, une topologie générale, une sorte de tableau composite où apparaissent la plupart des configurations historiques – le chaos, le siège, la conquête, les villes rivales, l'ascension d'un empire, la culture et les Barbares, l'homme providentiel, la fascination des lointains, les rapports entre pouvoir militaire et pouvoir religieux, l'ivresse et la lassitude, l'inévitable et lent déclin... – et où le lecteur endormi par ma prose est réveillé tout à coup par une situation familière ou un paysage qui lui rappelle quelque chose : *La Gloire de l'Empire*.

Je cherchais comme un fil rouge qui puisse courir à travers les siècles. Un objet, peut-être, qui passerait de main en main, une bague, une pierre, un talisman ? Mais non ! Voyons ! Un homme ! Et c'était l'*Histoire du Juif errant*. Je décrivais le monde assez invraisemblable où nous vivons chaque jour à un esprit venu d'ailleurs qui n'en connaîtrait rien et que tout étonnerait : *La Douane de mer*. C'étaient des livres. Ils n'égalaient pas leurs destins.

« *il y aura toujours l'eau le vent
la lumière...* »

D'une façon ou d'une autre, pour le meilleur ou pour le pire, succès ou échec, j'étais entré en littérature. C'était une joie. Et une souffrance de tous les instants. Je me disais que ma vie ne comptait plus : je l'avais échangée contre des livres. Quels livres ? Beaucoup de livres. Les miens d'abord, bien sûr. L'angoisse me prenait.
 Ce que j'ai le plus aimé dans les livres – je baisse la voix –, je crois que c'est la poésie. Je lisais les romans avec bonheur. *Don Quichotte de la Manche, La Princesse de Clèves, Tristram Shandy, Le Rouge et le Noir, Splendeurs et misères des courtisanes,* la *Recherche, Aurélien...* La poésie me transportait. Le père et le premier de tous les écrivains, Homère, était d'abord un poète. Quand Hector, en train de partir

Poeta fui e cantai

pour la guerre, remet le jeune Astyanax, que le casque à plumes de son père fait pleurer, entre les mains de sa mère, Andromaque, elle le reçoit sur son sein « avec un rire en larmes ». Le δακρυόεν γελάσασα du vieil Homère dans l'*Iliade* me mettait hors de moi.

Les Grecs avaient des successeurs. Les Allemands, les Italiens, les Espagnols, les Anglais m'ouvraient des paradis.

Goethe .

Von Suleika zu Suleika
Ist mein Kommen und mein Gehen..

Ou :

Eh' es Allah nicht gefällt
Uns auf's neue zu vereinen,
Gibt mir Sonne, Mond und Welt
Nur Gelegenheit zu weinen.

Heine :

Die schönste Jungfrau sitzet
Dort oben wunderbar.
Ihr goldenes Geschmeide blitzet,
Sie kämmt ihr goldenes Haar...

Quevedo :

Seran ceniza, mas tendrá sentido ;
Polvo seran, mas polvo enamorado...

Qu'ai-je donc fait

Auden

If I were the head of the Church or the State,
I'd powder my nose and just tell them to wait.
For love's more important and powerful than
Even a priest or a politician...

Dante, évidemment :

Deh, quando tu sarai tornato al mondo
E riposato de la lunga via,
Ricorditi di me che son la Pia...

ou :

L'amor che move il sole e l'altre stelle

Chez nous, les poètes de notre merveilleux XVIe siècle, si longtemps ignorés, Ronsard en tête, me consolaient de presque tout, effaçaient les grisailles de la vie quotidienne et me donnaient du bonheur à longueur de journée :

Marie, levez-vous, ma jeune paresseuse :
Jà la gaie alouette au ciel a fredonné,
Et jà le rossignol doucement jargonné,
Dessus l'épine assis, sa complainte amoureuse.

Sus ! debout ! allons voir l'herbelette perleuse
Et votre beau rosier de boutons couronné
Et vos œillets mignons auxquels aviez donné
Hier au soir de l'eau d'une main si songeuse.

Poeta fui e cantai

Harsoir en vous couchant vous jurâtes vos yeux
D'être plus tôt que moi ce matin éveillée ;
Mais le dormir de l'aube, aux filles gracieux,
Vous tient d'un doux sommeil encore les yeux sillée.
Ça ! Ça ! que je les baise et votre beau tétin
Cent fois pour vous apprendre à vous lever matin.

Et Maynard. Et Saint-Amant. Et Malleville, si oublié. Et Tristan l'Hermite :

Crois mon conseil, chère Climène ;
Pour laisser arriver le soir,
Je te prie, allons nous asseoir
Sur le bord de cette fontaine...

Et ce voyou de Théophile de Viau :

L'aurore sur le front du jour
Sème l'azur, l'or et l'ivoire,
Et le soleil, lassé de boire,
Commence son oblique tour...

La lune fuit devant nos yeux ;
La nuit a retiré ses voiles ;
Peu à peu, le front des étoiles
S'unit à la couleur des cieux...

Une confuse violence
Trouble le calme de la nuit,
Et la lumière avec le bruit
Dissipe l'ombre et le silence...

Qu'ai-je donc fait

Corneille et Racine, je les mettais l'un et l'autre au-dessus de tout.

Corneille, ou la grandeur :

Tout s'abîme, Seigneur, dans cette mer profonde
Que tes grands jugements ouvrent de toutes parts :
Et si tous les mondains y jetaient leurs regards,
Il ne serait jamais de vaine gloire au monde.

Que verraient-ils en eux qu'ils pussent estimer
S'ils voyaient devant toi ce qu'est leur chair fragile ?
Comment souffriraient-ils qu'une masse d'argile
S'enflât contre la main qui vient de la former ?

Un cœur vraiment à toi ne prend jamais le change,
Et qui goûte une fois l'esprit de vérité,
Qui se peut y soumettre avec sincérité
Ne saurait plus goûter une vaine louange.

Gloire au Père, cause des causes,
Gloire au Verbe incarné, gloire à l'Esprit divin,
Et telle qu'elle était avant toutes les choses,
Telle soit-elle encor maintenant et sans fin.

Racine, ou la passion, avec Phèdre .

Ah ! douleur non encor éprouvée !
À quel nouveau tourment je me suis réservée !
Tout ce que j'ai souffert, mes craintes, mes transports,
La fureur de mes feux, l'horreur de mes remords,
Et d'un refus cruel l'insupportable injure,
N'était qu'un faible essai du tourment que j'endure.
Ils s'aiment ! Par quel charme ont-ils trompé mes
                                            [yeux ?

Poeta fui e cantai

Comment se sont-ils vus ? Depuis quand ? Dans
*   [quels lieux ?*
Tu le savais. Pourquoi me laissais-tu séduire ?
De leur furtive ardeur ne pouvais-tu m'instruire ?
Les a-t-on vus souvent se parler, se chercher ?
Dans le fond des forêts allaient-ils se cacher ?
Hélas ! Ils se voyaient avec pleine licence.
Le ciel de leurs soupirs approuvait l'innocence ;
Ils suivaient sans remords leur penchant amoureux,
Tous les jours se levaient clairs et sereins pour eux.

Par la bouche d'Hermione, dans *Andromaque* :

Je ne t'ai point aimé, cruel ? Qu'ai-je donc fait ?
J'ai dédaigné pour toi les vœux de tous nos princes,
Je t'ai cherché moi-même au fond de tes provinces ;
J'y suis encor, malgré tes infidélités,
Et malgré tous mes Grecs honteux de mes bontés.
Je leur ai commandé de cacher mon injure ;
J'attendais en secret le retour d'un parjure ;
J'ai cru que, tôt ou tard, à ton devoir rendu,
Tu me rapporterais un cœur qui m'était dû.
Je t'aimais inconstant ; qu'aurais-je fait, fidèle ?

Ou, avec Bérénice :

J'aimais, Seigneur, j'aimais, je voulais être aimée.

    Barthes parle quelque part, à propos des classiques, de « la clarté terrible de leurs vides inquiétants ». Impossible d'être plus bref, impossible d'être plus beau que ce murmure de Bérénice.

Qu'ai-je donc fait

Malmenés par Kléber Haedens, dont l'étourdissante *Histoire de la littérature française* m'avait amusé à la folie, et par Thierry Maulnier, qui cite à peine dans son *Introduction à la poésie française* quelques fragments épars de *Booz endormi*, les romantiques les plus délaissés, et jusqu'à Musset lui-même dont je savais par cœur – à défaut des *Nuits*, franchement vieillies – *Dans Venise la rouge* et la *Ballade à la lune*, trouvaient grâce à mes yeux. Je ne dirai presque rien de Hugo, de Nerval, de Baudelaire, de Verlaine. Lisez-les. Ne mourez pas sans avoir jeté – par exemple – au moins un coup d'œil sur :

Elle était déchaussée, elle était décoiffée,
Assise, les pieds nus, parmi les joncs penchants.
Moi, qui passais par là, je crus voir une fée
Et je lui dis : « *Veux-tu t'en venir dans les champs ?* »

Elle me regarda de ce regard suprême
Qui reste à la beauté quand nous en triomphons
Et je lui dis : « *Veux-tu, c'est le mois où l'on aime,*
Veux-tu nous en aller sous les arbres profonds ? »

Elle essuya ses pieds à l'herbe de la rive.
Elle me regarda pour la seconde fois.
Et la belle folâtre alors devint pensive.
Oh ! comme les oiseaux chantaient au fond des bois !

Comme l'eau caressait doucement le rivage !
Je vis venir à moi dans les grands roseaux verts
La belle fille heureuse, effarée et sauvage,
Ses cheveux dans ses yeux et riant au travers.

Poeta fui e cantai

Ou sur :

Mère des souvenirs, maîtresse des maîtresses,
Ô toi, tous mes plaisirs ! ô toi, tous mes devoirs !
Tu te rappelleras la beauté des caresses,
La douceur du foyer et le charme des soirs,
Mère des souvenirs, maîtresse des maîtresses !

Les soirs illuminés par l'ardeur du charbon
Et les soirs au balcon, voilés de vapeurs roses,
Que ton sein m'était doux ! que ton cœur m'était bon !
Nous avons dit souvent d'impérissables choses
Les soirs illuminés par l'ardeur du charbon.

Que les soleils sont beaux dans les chaudes soirées !
Que l'espace est profond ! que le cœur est puissant !
En me penchant vers toi, reine des adorées,
Je croyais respirer le parfum de ton sang.
Que les soleils sont beaux dans les chaudes soirées !

La nuit s'épaississait ainsi qu'une cloison,
Et mes yeux dans le noir devinaient tes prunelles,
Et je buvais ton souffle, ô douceur ! ô poison !
Et tes pieds s'endormaient dans mes mains
         [fraternelles.
La nuit s'épaississait ainsi qu'une cloison.

Ou encore sur :

J'arrive tout couvert encore de rosée
Que le vent du matin vient glacer à mon front.
Souffrez que ma fatigue à vos pieds reposée
Rêve des chers instants qui la délasseront.

Qu'ai-je donc fait

Sur votre jeune sein laissez rouler ma tête
Toute sonore encore de vos derniers baisers.
Laissez-la s'apaiser de la bonne tempête
Et que je dorme un peu puisque vous reposez.

Péguy, Valéry, Saint-John Perse, Aragon, je les voyais en modernes dignes en tout point des plus grands dans les siècles passés :

Voici notre appareil et voici notre chef.
C'est un gars de chez nous qui siffle par moments.
Il n'a pas son pareil pour les gouvernements.
Il a la tête dure et le geste un peu bref.

Reine qui vous levez sur tous les océans,
Vous penserez à nous quand nous serons au large.
Aujourd'hui c'est le jour d'embarquer notre charge.
Voici l'énorme grue et les longs meuglements.

S'il fallait le charger de nos pauvres vertus,
Le vaisseau s'en irait vers votre auguste seuil
Plus creux que la noisette après que l'écureuil
L'a laissée retomber de ses ongles pointus...

Nous n'y chargerons pas notre pauvre maïs,
Mais de l'or et du blé que nous emporterons
Et il tiendra la mer : car nous le chargerons
Du poids de nos péchés payés par votre Fils.

Et encore ceci, qui est suprême et qui est d'Aragon :

C'est une chose étrange à la fin que le monde
Un jour je m'en irai sans en avoir tout dit
Ces moments de bonheur ces midis d'incendie
La nuit immense et noire aux déchirures blondes...

Poeta fui e cantai

Il y aura toujours un couple frémissant
Pour qui ce matin-là sera l'aube première
Il y aura toujours l'eau le vent la lumière
Rien ne passe après tout si ce n'est le passant
C'est une chose au fond que je ne puis comprendre
Cette peur de mourir que les gens ont en eux
Comme si ce n'était pas assez merveilleux
Que le ciel un moment nous ait paru si tendre...
Malgré tout je vous dis que cette vie fut telle
Qu'à qui voudra m'entendre à qui je parle ici
N'ayant plus sur la lèvre un seul mot que merci
Je dirai malgré tout que cette vie fut belle

Ah ! mon Dieu !...

Il y aura toujours l'eau le vent la lumière
Rien ne passe après tout si ce n'est le passant

et :

Je t'aimais inconstant ; qu'aurais-je fait, fidèle ?

et les imprécations de Phèdre et la gloire du Verbe chez Corneille et les grands roseaux verts de Hugo et la main si songeuse et le tétin de Marie et ces pieds qui s'endorment dans des mains fraternelles, oui, tout cela, j'ai la tête assez faible, me rendait à peu près fou. Je me répétais souvent en boucle les mots de Dante à Virgile dans la *Divine Comédie* :

> *Tu duca, tu signore e tu maestro*

Qu'ai-je donc fait

et le cri sublime et un peu tarte qui me faisait rêver :

Poeta fui e cantai

 Moi, de ma vie entière, même à la fille de la ferme du Haut qui était si blonde et dont j'étais raide patate à quinze ans, je n'ai jamais écrit un seul vers. Je me contentais de mettre des mots ensemble et de raconter des histoires. Je n'étais pas poète. Je me réveillais la nuit en sursaut pour me dire dans les larmes que je n'étais bon à rien.

j'avais quatre dromadaires

Je voyageais. Je n'écris pas de Mémoires : les motifs, les circonstances, les détails de ces voyages, je n'en parlerai pas. Je voyageais surtout pour me consoler de mes chagrins. J'avais honte de moi. Je me fuyais au loin. La beauté que je n'étais pas capable de tirer de mon propre fonds, j'allais la chercher dans le monde autour de moi après l'avoir cherchée dans les livres. Et, en effet, il était beau. Il me procurait un sentiment que les livres m'avaient déjà fait connaître et qui est devenu plutôt rare et même souvent méprisé dans les temps où nous vivons : l'admiration.

Avec ses quatre dromadaires
Don Pedro d'Alfaroubeira
Courut le monde et l'admira
Il fit ce que je voudrais faire
Si j'avais quatre dromadaires

J'ai eu quatre dromadaires. Merci, mon Dieu. J'ai pu courir le monde. Et je l'ai beaucoup admiré et aimé. Ce monde que j'ai sillonné en tous sens était minuscule au regard de l'immensité des espaces et des temps où il était plongé. Et sa petitesse aux limites de la dérision était d'une richesse accablante. Des montagnes, des vallées, des torrents et des fleuves, des cascades, des arbres sur les collines, des plaines couvertes de neige, des sentiers le long de ruisseaux où passaient des poissons, des fleurs qui sortaient des pierres, des déserts et des criques entre des falaises où la mer brillait au soleil. Et tout ce que le génie des hommes a ajouté depuis quarante mille ans – il y avait si longtemps, et pourtant presque rien, une paille, un éclair – au monde où ils étaient jetés. Des ponts, des tours, des pyramides, des puits, des madones, des statues de pierre ou de marbre, des ports, des cantates, des représentations innombrables et variées d'événements fictifs ou passés.

J'ai souvent parlé des îles grecques, de la côte turque si belle du côté de Bodrum – qui fut Halicarnasse – ou de Phaselis où s'arrêta Alexandre, de cette Méditerranée que j'ai tant aimée, de Grenade et de Cordoue, de Dubrovnik, de Trogir, de Sibenik, de Lucques avec ses villas et de Vérone avec son saint Georges délivrant du dragon la princesse de Trébizonde dans une chapelle de Sant'Anastasia, de Montepulciano et de Pienza, de Palerme, de Syracuse où j'ai été heureux, de Raguse, de Taormina, de Ravello dont Gide parle dans *L'Immoraliste*, où la villa Rufolo inspire à Wagner le jardin de Klingsor dans *Parsifal*, où D. H. Lawrence écrit au moins en partie

Poeta fui e cantai

L'Amant de Lady Chatterley, où Greta Garbo et Leopold Stokowski connaissent une passion immortelle de trois jours dans les jardins de la villa Cimbrone et qui apparaît sous le nom de Sambuco dans *La Proie des flammes* de Styron, d'Ascoli Piceno où triomphe Cola dell'Amatrice, de Bari, de Trani, de Lecce, d'Otrante ou de Gallipoli.

Parce que ma vie et ce livre sont si étroitement liés, j'écris ces lignes à Venise où j'ai habité successivement une maison rouge sur le campo Santa Margherita, à deux pas de la trattoria Antico Capone, puis une petite maison avec un jardin sur un canal secondaire entre Guggenheim et les Zattere, enfin deux appartements différents sur les Zattere mêmes, presque au coin, l'un et l'autre, du rio della Fornace ou de la Fornasa – Fornasa en vénitien, Fornace en italien – d'où je pouvais presque toucher en étendant le bras les grands bateaux qui passaient, écrasants dans le petit matin, illuminés le soir, avec leurs passions et leurs drames, dans le canal de la Giudecca.

Voilà trois ou quatre ans que je n'étais plus venu à Venise. Pourquoi ? Parce que je ne me perdais plus dans le lacis des *vie*, des *calli*, des *rami*, des *salizzade*, des *rioterrà*, des *campi*, des *campielli*, des *corti*, des *fondamente*, des *sottoportegi*, des *traghetti* –

> *Sur le quai des Esclavons,*
> *Le soleil chauffe les dalles ;*
> *Tes détours et tes dédales,*
> *Venise, nous les savons !*

Qu'ai-je donc fait

– et parce que, japonais ou français, les touristes étaient devenus, de loin, plus nombreux que les Vénitiens. Me voilà de retour. Il fait beau. Un peu frais. De la terrasse où j'écris, je vois d'un côté le Grand Canal entre le Rialto et le pont de l'Académie, de l'autre la Giudecca et, tout autour de moi, je les compte sur mes doigts en prononçant leurs noms, les campaniles de San Barnaba ; des Frari où brillent la *Madone Pesaro* et l'*Assomption* de Titien, les Vierges de Lorenzo Veneziano, de Vivarini, de Bellini et le souvenir de Canova ; de San Pantalon où Fumiani se tua en tombant de l'échafaudage qui lui servait à terminer au plafond son *Martyre de saint Pantaleon*, une des peintures les plus extravagantes jamais réalisées ; des Carmine ; des Mendicoli où siégeait en dérision l'anti-doge élu par les pauvres ; de l'Angelo Raffaele ; de San Sebastiano où Véronèse a peint l'histoire d'Esther flanquée d'un petit chien presque aussi célèbre que celui que vous pouvez voir assis aux pieds de saint Augustin peint par Carpaccio dans le cycle de saint Jérôme à la Scuola di San Giorgio degli Schiavoni ; et de San Trovaso dont le nom célèbre un saint qui n'a jamais existé et qui n'est rien d'autre qu'une contraction vénitienne entre San Gervasio et San Protesio.

Je vais descendre tout à l'heure vers les Zattere. Je me garderai bien de prendre le pont du Rialto ou celui de l'Académie et de passer de l'autre côté du Grand Canal. Je resterai du côté de mon cher Dorsoduro qui, des six sestieri de Venise – les cinq autres, répétez après moi, sont San Marco, Castello avec l'Arsenal,

Poeta fui e cantai

Cannaregio avec le Ghetto Vecchio, San Polo et Santa Croce –, est de loin le plus calme et depuis toujours mon préféré. Et j'irai déjeuner, en face de la Giudecca, à la Linea d'Ombra ou au Riviera où le risotto aux scampi n'est pas à négliger.

Rome est blanche, Venise est rouge

Bien avant Venise, j'ai aimé Rome à la folie. Dans *Vacances romaines*, un navet de première illuminé par Audrey Hepburn et par Gregory Peck, des journalistes demandent à l'irrésistible jeune princesse, au terme de son tour d'Italie, quelle est sa ville préférée. Soucieuse de son rang et de son rôle, Audrey répond d'abord, comme il faut le faire, que chacune des villes qu'elle a visitées... et patati et patata, lorsque, ne pouvant plus contenir le souvenir de son amour pour Gregory Peck, elle finit par éclater : « *Rome, definitely Rome !* » J'aurais pu, moi aussi, m'écrier : *Rome, definitely Rome !*

Je savais tout de Rome avant même de la connaître. Dans les sombres années de l'Occupation, au lycée Henri-IV, sur la montagne Sainte-Geneviève, en hypokhâgne, puis en khâgne, où je me rendais en chaussures de ski parce qu'il faisait froid et que je n'en avais plus d'autres, un délicieux hurluberlu doublé d'un vrai savant, du nom de Dieny, dont nous avions fait notre tête de Turc et que nous passions notre temps à charrier, nous avait tout appris de Rome, de son plan, de son histoire, de ses temples, de ses arcs, de ses colonnes, de ses statues et de l'Ara Pacis d'Auguste, du Circus Maximus, de la maison des Vestales ou de celle de Livie, de la Domus Aurea de Néron, des murailles d'Aurélien, de tous les forums successifs, républicains et impériaux. Quand j'étais arrivé à Rome pour la première fois avec une bande de jeunes gens ou plutôt d'écoliers poussés en graine dont le cornac, un curé de roman et plus vrai que nature, était amoureux de moi, je m'étais précipité au Capitole pour embrasser d'un coup d'œil tout le cortège des forums qui s'étendaient devant moi. Quelque chose comme une illumination m'était tombé dessus : il me semblait voir s'animer sous le soleil couchant les fiches du bon Dieny. Je courais du Palatin à l'Aventin, du Panthéon à la Bocca della Verità où, menteur comme je l'étais, je me gardais bien de mettre mon doigt, du Colisée à la villa des chevaliers de Malte d'où l'œil collé à un trou de serrure apercevait, au loin, encadrée avec exactitude, la coupole de Saint-Pierre.

Plus tard, les circonstances de la vie m'amenèrent plus souvent à Venise. J'y suis venu vingt, trente, peut-être cinquante ou cent fois, en train, en voiture, en bateau, par avion. C'étaient mes quatre dromadaires. Ce qu'il y a de mieux à Venise, c'est d'y arriver et d'en repartir. Je n'ai jamais manqué d'y arriver le cœur battant. J'en suis toujours reparti, pour

Qu'ai-je donc fait

une raison ou pour une autre, le cœur vaguement mélancolique. Voilà que j'ai, de nouveau, Venise tout entière sous les yeux. Aussi belle que Rome, comme elle en est différente !

Rome est blanche ; Venise est rouge. L'élément de Rome, c'est la terre ; l'élément de Venise, c'est la mer. Rome vit de ses légions ; Venise, de ses galères. Rome, c'est Mars et la guerre ; avec ses courtisanes et ses peintres, de Carpaccio à Titien et à Tiepolo, Venise se confond avec Vénus et avec tous les commerces. Par un paradoxe assez stupéfiant, malgré son Capitole et malgré ses murailles, Rome ne cesse d'être prise par les Gaulois, par les Wisigoths d'Alaric, par les Vandales de Genséric, par les Hérules d'Odoacre, par les Ostrogoths de Théodoric, puis de Totila, par les Byzantins de Bélisaire, par les Sarrasins, par les Allemands, par les Normands, par les Français, par les Américains – et échappe de peu, grâce au pape Léon le Grand, à Attila et à ses Huns ; pendant plus de mille ans, ouverte à tous les vents au milieu de ses marais, conquérante de Constantinople, Venise n'est jamais conquise : elle tombe en 1797 sous les coups de Bonaparte qui avait proclamé : « Je serai un Attila pour Venise. » Rome incarne l'Occident dont elle est le symbole et le chef ; avec ses coupoles et sa Douane de mer, Venise est déjà l'Orient. Avec leur culte, leurs églises, leurs processions, le Christ, la Madone, tout le cortège interminable des martyrs et des saints règnent sur la Sérénissime comme sur la Ville éternelle. Mais à Rome, où les papes prennent la succession des

Poeta fui e cantai

Césars, la religion se confond avec le pouvoir établi tandis qu'à Venise le pouvoir des courtisanes ne cesse jamais de balancer celui de l'Inquisition. Cincinnatus et les Borgia sont romains ; la gloire de Venise est incarnée par Bragadin, défenseur de Famagouste, écorché vif par les Turcs après la chute de la ville, et par Bianca Cappello, enfant perdue et sauvée par sa beauté et par son caractère intraitable, qui s'enfuit à quinze ans du palais de son père avec un jeune amant qui n'était pas de sa caste avant de finir par monter sur le trône du grand-duché de Toscane. Dans des torrents de boue, la vertu est romaine ; avec un sens du devoir qui va souvent jusqu'à l'héroïsme, le plaisir est vénitien. À Venise comme à Rome, la mort, naturellement, finit par l'emporter. Elle tombe à Rome du haut de la sombre forteresse d'Hadrien et des papes où veille l'ange exterminateur qui frappe, pour les rappeler à leurs devoirs si longtemps négligés, les puissants de ce monde ; et elle se glisse à Venise parmi les masques qui dansent le soir sous les étoiles, ivres de grâce et de bonheur, le long de la lagune.

« que Monsieur ne se mette pas hors de Monsieur !... »

Je partais. J'allais ailleurs. Je descendais vers le soleil. Je mettais fin aux routines. Un bonheur fou m'envahissait. Je partais pour les Pouilles, pour la Sicile, rejoindre Frédéric II et sa garde musulmane, pour le Magne où Pâris, sur la route de Troie, avait passé une nuit avec Hélène arrachée à Sparte des bras du roi Ménélas, pour les Sporades du Nord – Skyros, Skiathos, Alonissos... –, pour le Dodécanèse. Je partais pour Patmos où avait vécu saint Jean et pour Castellorizo qui est le plus ravissant de tous les bouts du monde. Je partais pour Louxor, pour Doura Europos, pour Chichén Itzá, pour Palenque, pour Machu Picchu, pour Mahabalipuram, pour Udaipur sur son lac, pour Borobudur, pour l'Hadramaout de notre vieille reine de Saba. Les noms comptaient pour beaucoup. Ils illuminaient la grisaille de notre vie de chaque jour.

Pourquoi voyage-t-on ? Pourquoi quitte-t-on sa maison, les siens, son travail pour s'en aller au loin ? La faim, la soif, l'ennui, l'amour, la conquête, l'art et la science, la curiosité, la foi, le goût de l'aventure et du jeu, le désespoir, la politique, que sais-je encore ? Des catastrophes ou des espérances de tout genre jetaient les hommes et les femmes sur les routes loin de chez eux. Ovide, aux bords de la mer Noire, Sénèque et Mérimée en Corse, Montaigne, le Président de Brosses, lord Chesterfield, Goethe, Chateaubriand, Stendhal, Sand et Musset, Henri de Régnier, Paul Morand, presque tout le monde, en Italie, à Rome, en Toscane, à Venise, le jeune Anacharsis et Byron en Grèce, Nerval en Orient, Flaubert en Égypte, dans le lit de Koutchouk Hanem, Rimbaud à Chypre et à Harrar, Barrès sur l'Oronte, Segalen en Chine, Gauguin à Tahiti – « C'est loin », lui disait-on. « Loin de quoi ? » répondait-il –, Claudel au Japon et au Brésil, tant d'autres un peu partout, qui étaient plus grands que moi, m'avaient précédé, avec des sentiments divers, sur ces chemins de l'exil ou du rêve.

Des livres innombrables avaient été consacrés aux voyages. Je lisais *Au-dessous du volcan*, *Le Voyage du Condottiere*, *Un petit tour dans l'Hindou Kouch* d'Éric Newby, *Le Temps des offrandes* de Patrick Leigh Fermor, *L'Usage du monde* de Nicolas Bouvier, la correspondance entre Durrell et Miller, je regardais quelques cartes. Mon Dieu ! Je m'en allais. J'allais trouver d'autres amis pour remplacer ceux que je quittais. J'allais avoir d'autres souvenirs. J'allais voir ailleurs si j'y étais. Je partais. Je comptais les jours.

Qu'ai-je donc fait

J'étais un peu hors de moi. « Que Monsieur, disait je ne sais plus qui, autour de Proust peut-être, ne se mette pas hors de Monsieur !... » Je fuyais à la recherche des autres et surtout de moi-même. Je rêvais du but et surtout du chemin.

Sous le grand soleil des tropiques, quelque chose pourtant m'agitait en dedans.

« ferme les yeux, Rosemonde »

Ce qui me tourmentait, c'était que le monde se mettait à ressembler à ces jeunes femmes trop faciles qu'il ne vaut plus la peine de conquérir. « Maman, écrivait déjà Paul Morand, puis-je aller aux Indes ? – Vas-y, mon petit, répondait la mère, mais n'oublie pas ton goûter. »

Les voyages ont longtemps constitué une aventure solitaire, malcommode et délicieuse. Avec le progrès foudroyant des transports, ils sont devenus une corvée collective et confortable. Ils tendent à se rapprocher de la définition de Céline : « Un petit vertige pour couillons. » Au point que le meilleur du voyage est désormais, d'un côté, dans le projet et, de l'autre, dans le souvenir. Entre les deux, une routine de masse. Et une nouvelle servitude volontaire. Peut-être faudra-t-il finir, selon le vœu de Baudelaire, par nous contenter du projet, sans plus chercher jamais à le réaliser ? Depuis toujours, le projet est aussi beau – et parfois plus beau encore – que la réalité. C'est vrai pour l'amour, c'est souvent vrai, hélas ! pour la littérature. Et c'est vrai pour les voyages.

> *Pour l'enfant amoureux de cartes et d'estampes,*
> *L'univers est égal à son vaste appétit.*
> *Ah ! que le monde est grand à la lueur des lampes !*
> *Aux yeux du souvenir, que le monde est petit !*

Sur mes îles lointaines, dans la nuit des tropiques, des formules un peu mélancoliques me revenaient à l'esprit. Chateaubriand : « L'homme n'a pas besoin de voyager pour s'agrandir ; il porte avec lui l'immensité. » Ou Lévi-Strauss : « Je hais les voyages et les explorateurs. »

Je me surprenais à penser que les voyages étaient le type même de ce *divertissement* que condamnait Pascal. Les plus beaux voyages, c'étaient les livres. Non pas les films ni les terribles photographies qui imposaient déjà leurs paysages et leur redoutable pittoresque à ceux qui les regardaient. Mais les livres, qui laissaient libre cours à l'imagination et au rêve. Ils nous arrachaient à nous-mêmes, et ils nous y renvoyaient.

Je me mettais lentement à comprendre que le spectacle du monde était une merveille qu'il y avait avantage à conjuguer au futur ou au passé. Mieux encore : à ce temps de vertige et de magie qu'est le futur antérieur. J'aurai vu les Andes, la Grande Barrière de corail, la bibliothèque de Celsius à Éphèse, le temple de Shiva à Madurai, la maison Bardey à Aden où était passé Rimbaud, le temple de Philae à

Assouan. J'en avais rêvé. Je les aurai vus. Il faut rester dans sa chambre. Et cultiver son jardin. C'est là que poussent les fleurs de l'imagination.

La littérature, c'est une affaire entendue, est du chagrin dominé par la grammaire. Il est permis de soutenir qu'elle raconte le plus souvent des tempêtes dont elle se souvient dans le calme. Elle se confond aussi avec un désir transformé en imagination, avec un manque changé en rêve.

Veux-tu connaître le monde ?
Ferme les yeux, Rosemonde.

éloge de l'ennui et de la paresse

À Maubeuge, à Saint-Étienne, en Lozère, en Ardèche, à Saint-Chély-d'Apcher, à Loguivy-Plougras, un garçon ou une fille de vingt ans, ou de vingt-cinq, ou peut-être de quarante, vivent, à l'instant où je trace ces mots, une formidable aventure. Ils s'ennuient. Ils ont de la chance. Ils vont écrire un chef-d'œuvre.

Je voudrais crier aux jeunes gens dévorés de l'envie de laisser un nom dans ce monde qu'il y a quelque chose de mieux que de voyager : c'est de ne rien faire. Il y a quelque chose de mieux que d'avoir des aventures : c'est d'en inventer. Il y a quelque chose de mieux que de s'agiter : c'est de s'ennuyer.

J'écrirais volontiers un éloge de la paresse et de l'ennui. La paresse, rien de plus clair, est la mère des chefs-d'œuvre. Très loin de l'abrutissement qui naît des grands postes et des hautes fonctions, l'ennui est cet état béni où l'esprit désoccupé aspire à faire sortir du néant quelque chose d'informe et déjà d'idéal qui

Poeta fui e cantai

n'existe pas encore. L'ennui est la marque en creux du talent, le tâtonnement du génie. Dieu s'ennuyait avant de créer le monde. Newton était couché dans l'herbe et bayait aux corneilles quand il a vu tomber de l'arbre sous lequel il s'ennuyait la pomme de la gravitation universelle. Les petits esprits s'énervent au milieu de foules de choses, la plupart du temps inutiles. Les grands esprits ne font rien et s'ennuient comme Descartes « enfermé seul dans un poêle en Allemagne » avant de découvrir des cieux. Chateaubriand bâillait sa vie avant d'écrire *Atala*, et *René*, et les *Mémoires d'outre-tombe*.

L'essentiel est de fuir les occupations subalternes et d'éviter de se disperser dans des plaisirs ou des obligations d'emprunt, et puis de se donner tout entier à ce qui sera l'œuvre d'une vie. Proust renonce aux *fêtes mondaines* chroniques du snobisme et aux raouts dans le grand monde pour se claquemurer chez lui, entre ses murs couverts de liège, dans ses souvenirs et dans ses rêves d'où surgiront les miracles de Swann, d'Odette, de Françoise, d'Albertine, de la duchesse de Guermantes et du baron de Charlus. Dans un domaine très différent, Louis de Broglie sort lui aussi d'une banalité quotidienne où il ne faisait presque rien pour entrer d'un seul coup dans un rêve étoilé. Il ne passait pas pour le plus doué des siens qui avaient tous brillé dans la guerre, dans la politique, dans les lettres. Lui, c'était plus modeste : il s'occupait d'histoire, de généalogie, d'une collection de timbres-poste, il brillait au bridge et aux échecs lorsque, un beau jour, à Bruxelles, à l'occasion d'un congrès savant où l'avait entraîné son frère Maurice, il découvre par hasard la grandeur farouche d'une physique mathématique qui le mènera jusqu'à la mécanique ondulatoire. « Monsieur, lui dira plus tard Léon Blum en lui remettant l'ordre le plus élevé dans la Légion d'honneur, vous appartenez à une famille où le talent était héréditaire avant que le génie y entrât. »

Le génie – ou quelque chose comme ça – descend aussi sur Loguivy-Plougras, sur Saint-Chély-d'Apcher, sur la chambre où un garçon – ou une fille –, peut-être venu d'ailleurs, peut-être découragé, se débat contre un destin hostile qui semble ne rien promettre. Voyager n'est pas mal. Le succès, c'est très bien. Être heureux, qui ne le souhaite ? S'ennuyer est bien mieux. C'est quand vous êtes perdu que vous commencez à être sauvé. La vie la plus banale, allumer le feu dans une cheminée, se promener dans les bois – Rousseau avait besoin de marcher pour aiguiser ses idées –, ronger son frein et son cœur parce qu'on n'est bon à rien, maudire le monde autour de soi, s'abandonner aux songes, ou, mieux encore ne rien faire du tout, ou, en tout cas le moins possible – avant, bien sûr de se jeter dans le travail à corps perdu –, peut mener autrement loin.

qu'est-ce que la vérité ?

Quelle idée de parler de Newton et de Proust, de leur génie, de nos chagrins, du poêle où s'enferme Descartes et de Loguivy-Plougras ! Je fais l'éloge de l'ennui. Je ferais aussi volontiers celui de la grandeur ou de la modestie, de l'action ou de l'inaction, du oui ou du non, et de presque n'importe quoi qui appartienne à cette race invraisemblable que nous vénérons parce que c'est la nôtre et que nous appelons les hommes.

J'ai un peu lu. Pas beaucoup. Mais un peu. J'ai écouté les gens. J'ai regardé autour de moi. J'ai tout vu, et le contraire de tout. J'ai tout entendu, et le contraire de tout. Les poètes et les philosophes, les historiens, les romanciers, les hommes politiques, les jeunes femmes le soir ou dans le petit matin, les marins sur la mer, le cabaretier du coin, les vieillards et les enfants m'ont glissé à l'oreille des choses enchanteresses et ardemment contradictoires. J'ai

Qu'ai-je donc fait

adoré leurs mots. Ils m'ont tourné la tête. Ils m'ont ouvert et couvert presque tout. Ils ont fait appel à la tradition, au bon sens, à la logique, à la morale, à l'évidence pour me persuader que la terre était plate et qu'elle était ronde, que l'univers était fini et qu'il était infini, qu'il y avait un Dieu créateur et qu'il n'y en avait pas, qu'il y avait autre chose après la mort et qu'il n'y avait rien du tout, que le temps était là pour toujours ou qu'il disparaîtrait comme tout le reste, que les hommes étaient libres ou qu'ils étaient soumis à une nécessité obscure et sans la moindre faille, qu'ils étaient bons et qu'ils étaient mauvais, qu'il fallait mourir pour Athènes et qu'il fallait mourir pour Sparte, pour le pape ou pour l'empereur, pour la Croix ou pour le Croissant, que la patrie était au-dessus des principes et les principes au-dessus de la patrie, que le rêve l'emportait sur la réalité et la réalité sur le rêve. Avec les mêmes rires et les mêmes larmes, avec la même conviction, ils chantaient la force et la pitié, la douceur et la violence, la croyance et le doute, la résignation et le refus, le blanc et le noir.

De temps en temps, nous pouvions nous entendre sur un point ou sur un autre. Nous avions le sentiment qu'il y avait des créatures et des combinaisons qui étaient plus belles que les autres et qu'il y en avait même de très belles et qui nous frappaient au cœur. Impossible pourtant depuis Platon d'échapper à une interrogation qui n'était jamais résolue : Qu'est-ce que la beauté ? Personne n'en savait rien et personne ne savait même si ce qui était beau devait être préféré à ce qui ne l'était pas.

Nous finissions par découvrir qu'il y avait des propositions qui étaient vraies et des propositions qui ne l'étaient pas, que la Terre était ronde et qu'elle n'était pas plate comme nous l'avions cru si longtemps, qu'il existait ailleurs des milliards de soleils aussi brillants que le nôtre, que l'infiniment petit répondait autour de nous et en nous à l'infiniment grand. Il y avait un système qui, mieux que tous les autres, était capable de distinguer ce qui était vrai de ce qui ne l'était pas : c'était la science. Elle régnait sur notre monde. Elle en expliquait les mécanismes. Elle allait de plus en plus loin dans l'exploration de l'univers. Mais une autre question surgissait, à jamais sans réponse : Qu'est-ce que la vérité ?

La vérité était pareille à l'horizon : elle semblait reculer à mesure que nous avancions. Comme la beauté, comme la justice, cette fugitive du camp des vainqueurs, la vérité est une tâche infinie et un but inaccessible et secret dont il nous est permis de nous approcher, et de plus en plus près, mais qu'il nous est interdit de comprendre et d'atteindre.

La vérité, la justice, la beauté sont en nous et dans notre regard. Il n'y a ni beauté, ni justice, ni vérité hors des hommes. Et le mal aussi est en nous, et en nous seuls. Là où il n'y a pas d'hommes, le mal n'existe pas. Le mal et le bien, la vérité et le mensonge, la beauté et la laideur règnent où nous régnons. On peut tout dire des hommes et on en a tout dit. On peut parler de leur grandeur et de leur misère, de leurs crimes et de leurs miracles. Pascal ne se prive pas de les faire passer de haut en bas et de bas en haut et de les précipiter dans des abîmes après les avoir hissés aux sommets. Chacun de nous est à la fois un chef-d'œuvre, la gloire de la nature, ce qui s'est fait de mieux depuis l'éternité – et rien. Et, dans les pires des cas, beaucoup moins que rien. Gardons notre calme *la vie est belle*

Rien n'échappe, chez l'homme, aux soupçons des autres hommes : ni les évidences les mieux établies, ni les sentiments les plus nobles, ni les pensées les plus élevées, ni l'innocence elle-même. De Zénon d'Élée à Pyrrhon et à Sextus Empiricus, de La Rochefoucauld à Freud et à Cioran, tout peut être remis en question, tout est sujet à caution. Sauf une chose qui n'a presque pas de nom, qui est tout et qui n'est rien, qui, comme la pensée et la parole, n'a pas d'existence réelle mais est la source de toute existence, qui n'entre dans aucune catégorie, qui est le fondement même et l'image du sacré et dont personne ne peut rien dire bien qu'elle soit l'origine et la condition de tout ce qui surgit dans notre histoire : la vie.

« *Wie es auch sei*, écrit Goethe, *das Leben ist gut.* » Quelle qu'elle puisse être, médiocre, perdue, cruelle, mauvaise, la vie est bonne. Quelle qu'elle soit, la vie est belle.

j'aurai été

Nous mourrons tous. Mais nous aurons vécu. Nous vivons pour mourir. Nous mourons pour un motif ou pour un autre – la patrie, le cœur, l'accident, l'eau ou le feu, la haine, la folie, la justice, la grippe, le cancer, le chagrin, l'amour, la religion, le plaisir, le hasard, la lassitude... –, mais, en vérité, pour une seule et unique raison : parce que nous avons vécu. « Pourquoi dit-on "avancer dans la vie" ? écrit Georges Bernanos. C'est dans la mort qu'on avance, c'est notre mort que nous approfondissons sans cesse, ainsi qu'une œuvre lente à venir. »

La vie est l'invention la plus invraisemblable de cet univers invraisemblable où nous avons été jetés. Et, dès l'origine, et à jamais, cette vie improbable, qui est le seul miracle avec le monde lui-même, est vouée à l'échec puisqu'elle débouche sur la mort. Elle n'en finit pas de disparaître pour chacun avant de reparaître pour d'autres et avant de finir pour tout le monde. Nous dansons sur notre tombe. Nous dansons, nous chantons, nous souffrons, nous pleurons, nous rions, nous pensons – et nous passons.

Passons passons puisque tout passe
Je me retournerai souvent
Les souvenirs sont cors de chasse
Dont meurt le bruit parmi le vent

Nous sommes déjà morts avant même de naître puisque, un jour, nous mourrons. Et que, même si, par une grâce ou une folie venues d'ailleurs, nous ne nous en occupons pas, nous savons que nous mourrons.

Mais voilà : nous sommes nés, nous avons vécu, nous sommes passés sur cette terre où tout n'est fait que pour se défaire, où tout n'arrive que pour partir – mais où tout aussi, avant de finir, a pourtant commencé. Et, d'une façon ou d'une autre, sans trop savoir pourquoi ni comment, nous aurons participé à cette aventure mystérieuse et immense que nous appelons l'existence. Dieu lui-même, pour qui il n'est rien d'impossible, ne pourrait pas empêcher que, rêve ou réalité, nous ayons existé. Je mourrai. Mais j'aurai vécu. Rien à faire : je mourrai. Mais rien à faire : j'aurai vécu.

II

Nageur entre deux rives

d'où parlez-vous ?

Tous ceux qui s'intéressent si peu que ce soit à l'histoire de la Révolution, de l'Empire, de la Restauration et de la monarchie de Juillet connaissent, au moins de nom, les irrésistibles *Récits d'une tante* de la comtesse de Boigne. Dans ces célèbres Mémoires qui enchantaient Marcel Proust et qui remportent depuis cent ans un succès qui ne se dément pas, je suis tombé sur un passage, un peu pompeux je l'avoue, qui n'a guère dû retenir l'attention de ses innombrables lecteurs : « Lorsqu'on n'est pas suffisamment organisé pour s'occuper exclusivement et religieusement du sort futur qui doit nous être éternel, ce qu'il y a de plus digne d'intérêt pour un esprit sérieux c'est l'état actuel des nations sur la terre. »

Je me garderai bien de me présenter – et je suis tout prêt à le déplorer – comme suffisamment organisé pour m'occuper exclusivement et religieusement du sort futur qui doit nous être éternel. Ni

Qu'ai-je donc fait

même, je le crains, pas mal d'étages plus bas, comme un esprit assez sérieux pour me prononcer sur l'état actuel des nations sur la terre. Avec un peu de réticence, je me vois pourtant contraint à descendre des hauteurs escarpées de la métaphysique vers les molles collines de ce qu'il faut bien appeler une esquisse de sociologie historique.

Peut-être vous souvenez-vous encore d'une de ces formules à la mode au lendemain de Mai 68 : « D'où parlez-vous ? » Quelle que soit mon incapacité foncière à répondre aux exigences de Mme de Boigne et à traiter (je ne m'en lasse pas) de l'état actuel des nations sur la terre, comment pourrais-je prétendre fournir la moindre réponse à la question : « Qu'ai-je donc fait ? » sans rappeler d'abord, fût-ce à grands traits, d'où je viens ?

je reviens de loin

D'où je viens ? De très loin. Nous venons tous de très loin. Et nous venons tous d'également loin. Nous sortons tous d'Afrique, nous avons tous marché dans la savane et le long des grands fleuves, nous descendons tous de ces hommes et de ces femmes qui, il y a cinquante ou cent mille ans, vivaient dans des cavernes où les plus habiles d'entre nous dessinaient des bisons. Nous descendons tous d'Abraham, de géomètres et de philosophes grecs, des Gaulois et de leurs druides, de centurions romains, de quelques chefs barbares, de Francs, d'Alamans, de Wisigoths ou d'Ostrogoths, de Vandales ou de Suèves, d'un certain nombre d'esclaves ou de marchands d'esclaves, de marins phéniciens ou espagnols, de matrones flamandes ou napolitaines, de prostituées d'un peu partout, d'agriculteurs, de chemineaux, de grands propriétaires, d'aventuriers plus ou moins louches et, de plus ou moins près, des pharaons d'Égypte, des rois de Juda, des souverains de Chaldée, d'Assyrie ou de Perse, de la reine de Saba, des conquérants vikings ou varègues et de l'empereur Charlemagne.

Entre les familles qui se disent « vieilles » ou « anciennes » et les autres, c'est la seule mémoire qui fait la différence. Les unes se souviennent et s'occupent du passé, les autres l'ont oublié et ne s'en occupent pas. Nous passions, chez moi, le plus clair de notre temps à nous souvenir du nôtre.

Nous n'étions pas les seuls. Phèdre, chez Racine, n'en finit pas de se réclamer de Vénus, dont Ariane, sa sœur, et elle-même sont les descendantes égarées et lointaines, et d'en appeler à la déesse qui porte à ses yeux, au-delà de sa propre mère, une bonne part de la responsabilité de ses pulsions irrépressibles et de ses malheurs sentimentaux :

Ô haine de Vénus ! Ô fatale colère !
Dans quels égarements l'amour jeta ma mère !

ou :

Puisque Vénus le veut, de ce sang déplorable
Je péris la dernière et la plus misérable.

Après ses grands romans – les *Mémoires d'Hadrien* et *L'Œuvre au noir* –, Marguerite Yourcenar entreprend une autobiographie en trois tomes : *Souvenirs pieux, Archives du Nord, Quoi ? l'éternité*. Les deux tiers de ces Mémoires sont consacrés à sa préhistoire, à ses ascendants, à sa famille. Le premier volume s'ouvre sur une description brillante des Flandres il y a quelques milliers d'années. L'auteur elle-même ne fait son apparition qu'à l'extrême fin du deuxième volume.

Grand, beau, d'une élégance assez rare, agrégé de médecine et docteur ès lettres avec une thèse sur « les dissolutions de la mémoire », psychiatre inventeur des neuroleptiques et biographe d'André Gide, Jean Delay s'attaque, en quatre volumes, sous le titre d'*Avant-Mémoire*, à une entreprise hardie : une biographie collective, une *sociobiographie* de ses ancêtres maternels entre le XVIe et le XIXe siècle. Tout au long d'une reconstitution minutieuse des époques et des milieux grâce aux archives nationales, aux inventaires, aux testaments, aux correspondances familiales, le lecteur est entraîné dans la marche de l'histoire. S'y pressent des musiciens, des libraires, des danseuses, des femmes légères, des artisans, des bourgeois, des grands seigneurs balayés par la Révolution.

Il y a une trentaine d'années, Fritz Zorn, un jeune Suisse emporté par le cancer à l'âge de trente-deux ans, ouvre par ces mots terribles une autobiographie romanesque et posthume dont le titre était *Mars* : « Je suis jeune et riche et cultivé ; et je suis malheureux, névrosé et seul. Je descends d'une des meilleures familles de la rive droite du lac de Zurich, qu'on appelle aussi la Rive dorée. Ma famille est passablement dégénérée : c'est pourquoi j'ai sans doute une lourde hérédité et je suis abîmé par mon milieu. »

Qu'ai-je donc fait

Ma propre famille, je suis heureux de vous l'apprendre, est moins riche et moins dégénérée – et, à coup sûr, moins détestée – que la famille de Fritz Zorn : si j'ai été abîmé, ce n'est pas par mon milieu, je m'en suis chargé moi-même. Encore que je connaisse l'histoire des miens moins bien qu'il ne connaissait l'histoire des siens, ma famille me semble moins pittoresque et moins bariolée que celle de Jean Delay ; il y aurait malgré tout de petites choses à en dire. Elle n'était pas flamande comme celle de Marguerite Yourcenar. Et, autant que je sache, elle ne descendait pas de Vénus à la façon de celle de Phèdre Mais, moi aussi, je reviens de loin.

une orgueilleuse modestie

Pas de si loin, d'ailleurs. Il existe, un peu partout dans le monde, en Espagne et aux Indes, dans le monde arabe et en Scandinavie ou dans les pays baltes, en Italie et en Europe centrale, en Iran ou au Japon, un certain nombre de familles dont les souvenirs remontent assez haut. Et il en existe pas mal qui prétendent remonter encore plus haut. La devise de l'illustre famille des Rochechouart-Mortemart, à laquelle appartenait Athénaïs, marquise de Montespan, aimée de Louis XIV, m'a toujours enchanté :

*Avant que le monde fût monde
Rochechouart portait des ondes.*

La devise des Esterhazy, vieille famille hongroise, célèbre depuis le XIIe siècle, dont les branches portent les noms sonores de Galantha, de Frakno, de Csnesznek ou de Zolyom et qui compte des généraux, des diplomates, des ministres, des mécènes, des palatins, des magnats et des princes du Saint Empire romain, n'est pas mal non plus :

Sous Adam III Esterhazy
Dieu créa le monde.

La famille de mon père, dont je porte le nom et dont je me suis beaucoup occupé, était plus modeste. Elle était très loin de remonter à la création du monde. Ni même à Jules César ou à l'an mille. Elle n'avait pas de prétention à une grande ancienneté. Il y a quelque cinq cents ans, un de mes ancêtres, André d'Ormesson, parle de son père comme « estant l'aisné d'une famille médiocre en extraction et en biens ». C'est le service de l'État qui la fait sortir de l'ombre au XVIe siècle. Elle s'élève peu à peu, à force de travail et d'intégrité, dans le milieu parlementaire. Avec les d'Aguesseau, avec les Maupeou, avec les Molé, avec les Lamoignon et quelques autres, elle est le type même de la noblesse de robe par opposition à la noblesse d'épée.

Objet des attaques furieuses de Saint-Simon qui la méprisait et la détestait, cette noblesse de robe était humble et orgueilleuse. Elle s'effaçait avec hauteur derrière les princes du sang, derrière les ducs et pairs, derrière les maréchaux de France et derrière l'Église. Mais elle avait le sentiment de détenir une partie du pouvoir de l'État. Après Henri IV, qui était un militaire entouré de ses compagnons, et Louis XIII, qui s'appuyait sur les Grands, Louis XIV est le souverain

Nageur entre deux rives

qui domestique la haute noblesse et travaille avec ses bureaux et avec ses commis. En ce sens, le Roi-Soleil, qui, à l'indignation de Saint-Simon, rabaisse la noblesse d'épée et élève ceux qui le servent quelle que soit leur origine, annonce déjà, de loin, le Comité de salut public. Entre la monarchie de droit divin et les parlementaires, les relations n'ont pourtant jamais cessé d'être ambiguës. Les parlementaires servent le roi – et ils s'opposent à lui.

la chute du surintendant

Mieux que toute autre, l'affaire Fouquet, que j'ai souvent évoquée, éclaire les rapports entre Louis XIV et les parlementaires – et plus particulièrement le clan d'Ormesson. Elle est la gloire de la famille, sa catastrophe et sa gloire.

S'occuper des finances royales a toujours été un exercice périlleux. Enguerrand de Marigny, puis Jacques Cœur avaient successivement éprouvé que la fonction de gardien du Trésor ou de grand argentier comportait autant et plus de risques que de satisfactions et d'avantages. C'était par excellence le poste qui illustrait la proximité du Capitole et de la roche Tarpéienne. Quand les splendeurs de Vaux-le-Vicomte, conçues par Fouquet en rivalité avec Versailles, eurent scellé le sort du protecteur de La Fontaine et de tant d'autres artistes et d'écrivains, le roi choisit Olivier d'Ormesson comme rapporteur du procès en

Nageur entre deux rives

abus de biens royaux parce que sa réputation d'intégrité faisait de lui l'adversaire le plus désigné des imaginations mirobolantes et des combinaisons du surintendant tombé de sa grandeur.

Quelques dizaines d'années plus tôt, une espèce de dicton célébrait la courtoisie des Guise, l'esprit des Mortemart, l'honnêteté des d'Ormesson. Protégé par Michel de l'Hospital, un d'Ormesson, qui devait plus tard devenir contrôleur général sous Henri III, avait d'abord refusé de s'occuper des finances de Charles IX. « J'ai mauvaise opinion de mes affaires, avait dit le roi, puisque les honnêtes gens ne veulent pas s'en mêler. » Louis XIV voyait clair : rien n'était plus étranger à Olivier d'Ormesson, peut-être tenté par le jansénisme, en tout cas modèle de tempérance et de vertu comme la plupart des siens, que les somptuosités de Vaux-le-Vicomte.

Le drame fut que, tout bien pesé, la rigueur de mon ancêtre – peut-être déjà hostile à la peine de mort, persuadé en tout cas que les malversations du surintendant ne la méritaient pas – lui fit écarter, au profit de l'exil, la condamnation à mort exigée par le souverain. Les échos de ces péripéties suivies avec passion par l'opinion publique de l'époque se trouvent dans les lettres adressées par Mme de Sévigné à sa fille, Mme de Grignan, installée loin de Paris, en Provence, et à quelques autres dont Pomponne, le fils d'Arnauld d'Andilly, le futur ministre de Louis XIV, le négociateur du traité de Nimègue, à qui la marquise rapporte avec exactitude tous les détails du procès.

Qu'ai-je donc fait

Louis XIV commua, si l'on peut oser cette expression, le bannissement de son ancien ministre en détention à vie. Fouquet partit pour Pignerol qui était, au fin fond du Piémont, une forteresse assez sombre où il allait mourir loin des poètes et des plaisirs qu'il avait tant aimés. La colère du roi s'abattit sur la tête de mon lointain grand-père.

sous le signe d'un saint François

Que faisaient les d'Ormesson ? Ils étaient sérieux jusqu'à l'austérité. Ils travaillaient. Ils servaient le roi et il leur arrivait de s'opposer à lui, ils avaient de l'estime et peut-être de l'admiration pour la vertu des jansénistes et ils fréquentaient les philosophes, ils vivaient dans le château, à quelques lieues à l'est de Paris, dont Le Nôtre avait dessiné le parc et auquel ils avaient donné leur nom qui venait d'une autre demeure, désormais détruite, au nord de la capitale. Au fils du malheureux Olivier que son intégrité avait perdu, Louis XIV, peut-être saisi par le remords, en tout cas revenu à de meilleurs sentiments, jeta un jour : « J'espère, monsieur, que vous serez honnête homme comme l'était votre père. » Diderot visita Ormesson et compara le château entouré d'une pièce d'eau à une bouteille de champagne renversée dans un seau. Les miens saluèrent, bien entendu, avec plus ou moins de réserve, avec plus ou moins de chaleur, les débuts de la Révolution et, bien entendu, selon la règle, ils furent victimes de la Terreur.

L'un d'eux, Louis François de Paule – descendant d'une nièce de saint François de Paule, tous les d'Ormesson portent le nom de François de Paule –, avocat général au parlement, puis – c'est une espèce de manie familiale – président à mortier, met Louis XVI en garde contre la réunion annoncée des états généraux et prononce ces paroles devant les parlementaires : « Vous aurez, messieurs, les états généraux, puisque vous les voulez, mais vous et la France ne tarderez pas à vous en repentir. » Un autre, Henri François de Paule, qui avait été, sans grand succès, contrôleur général des finances de Louis XVI entre Joly de Fleury et Calonne, est élu maire de Paris en 1792, mais refuse la charge. Un autre encore, Anne Louis, et toujours François de Paule, occupe le poste de directeur de la Bibliothèque royale, qui deviendra la Bibliothèque nationale, sauve l'institution de la ruine et finit guillotiné.

une poignée de sable

Plus encore que les femmes qui, chez nous au moins, le perdent en se mariant, les hommes, un peu partout, sont attachés à leur nom. Il fait partie d'eux-mêmes à la façon de leurs mains, de leur visage, de leur corps. Arracher le nom des gens comme tentèrent de le faire plusieurs régimes ou organisations totalitaires, et notamment les Khmers rouges, peut passer pour un crime. Je me suis moi-même un peu gargarisé de mon nom. D'Ormesson, c'était moi. C'était le nom qui figurait sur la couverture de mes livres. C'était le nom que je laissais à ma fille. C'était le nom de ceux qui m'avaient précédé et auxquels j'appartenais, d'une façon ou d'une autre. Je leur appartenais pourtant d'une façon bien restreinte. Il y avait eu pas mal d'Ormesson dans la nature et dans l'histoire depuis quatre ou cinq siècles. Beaucoup étaient morts à la naissance, en bas âge ou sans postérité. Beaucoup, des deux sexes, étaient entrés dans les ordres.

Qu'ai-je donc fait

Les hommes de ce nom dont je descends en droite ligne tiendraient sans peine dans une pièce aux dimensions très restreintes. Ils ont entraîné avec eux des maisons, des biens, des souvenirs. Mais ils sont à peine quelques dizaines. Parmi les centaines et les milliers d'individus dont le sang et les gènes se sont mêlés jusqu'à moi, ce sont quelques grains de poussière.

Dans ce système très curieux de la vie qui procède par générations successives – il nous paraît tout simple, ce système, mais il est presque aussi affolant que le cours du temps lui-même –, chacun de nous a derrière lui deux parents, quatre grands-parents, huit arrière-grands-parents, puis un nombre sans cesse croissant d'ascendants. Faites le calcul : 2, 4, 8, 16, 32, 64, 128, mettons 250, 500, mille, deux mille..., bientôt un million..., très vite cinq cents millions, un milliard, deux milliards... Au bout d'un nombre limité de générations, vous et moi, grâce à cette progression géométrique, avons beaucoup plus d'ancêtres putatifs qu'il n'y a jamais eu d'êtres humains sur notre planète.

On pourrait raffiner dans le paradoxe : à mesure que vous reculez dans un passé de plus en plus lointain, le nombre de vos ancêtres croît en flèche et le nombre des hommes diminue. C'est sans doute que les unions se nouent, dans des cercles de plus en plus étroits, entre des individus de plus en plus proches les uns des autres et que les mêmes personnages reparaissent dans des combinaisons différentes. À la limite, à l'origine de notre histoire, chacun de nous a des milliards d'ancêtres, mais Caïn et Abel sont bien obligés de s'unir à leurs sœurs ou à leur mère pour s'assurer une descendance. La démographie et la généalogie sont des sciences de paradoxe et de mystère parce qu'elles se déploient dans le temps qui est le paradoxe des paradoxes et le mystère des mystères.

Le plus clair de l'affaire est que le fil rouge du nom d'Ormesson se perd très vite dans un lacis innombrable de lignées de toutes les couleurs, dans une forêt étouffante de filiations, de parentés, d'alliances, dans un labyrinthe d'ascendances et de descendances où courent et se recoupent une foule d'avenues et de boulevards brillamment éclairés, de ruelles obscures, de sentiers qui se perdent, de voies convergentes ou divergentes et parfois parallèles, d'impasses, de croisements, d'échangeurs et de souterrains. Ces d'Ormesson dont je me vante de porter le nom sont une goutte d'eau dans l'océan de mon passé, une poignée de sable sur une plage immense, longtemps presque déserte et soudain surpeuplée, bourrée de personnages légendaires, d'estivants anonymes, de touristes de passage et de badauds ahuris.

un château entre en scène

Une des corvées obligatoires de cette enfance et de cette jeunesse que j'ai essayé de décrire dans *Au plaisir de Dieu* était la récitation de la généalogie des parents et des grands-parents. Monter – ou descendre – jusqu'aux arrière-grands-parents, exercice si familier à Saint-Simon, à Chateaubriand, à Mme de Boigne et à mon père qui était de première force dans ce que Paul Morand appelait « la science des noms », constituait déjà dans mes plus jeunes années une performance exceptionnelle qui soulevait des ricanements et des acclamations. Mon père était d'Ormesson. Sa mère, La Guéronnière. Je ne l'ai jamais connue. Elle était morte à ma naissance. Je possède un tableau qui la représente, peint, j'imagine, autour de 1900. Ma mère s'appelait Anisson du Perron. Sa mère était née Boisgelin. Elle avait été très belle. Je la vois encore, petite créature ratatinée, toute vêtue de noir, assise, avant la guerre, dans un des grands fauteuils du salon de Saint-Fargeau.

Les Anisson du Perron – je leur appartiens autant qu'à ces d'Ormesson dont je porte le nom, j'appartiens autant aux Boisgelin qu'aux La Guéronnière – descendaient d'une famille d'imprimeurs et d'éditeurs qui s'étaient frottés à l'aristocratie. Originaire du Dauphiné, autant que je sache, puis installée à Lyon, elle a fourni à partir de la fin du XVIIe siècle beaucoup d'hommes distingués à la librairie, à l'imprimerie et aux fonctions publiques. De 1691 au milieu du XIXe, des Anisson se sont succédé à la direction de l'Imprimerie royale qui deviendra l'Imprimerie nationale. Dans la bibliothèque de Saint-Fargeau figuraient un grand nombre de livres des XVIIe ou XVIIIe siècles imprimés par les Anisson et qui portaient à la première page l'ex-libris de la famille : *Anison che fiorisce*.

Et, en effet, les Anisson fleurissaient. Un Alexandre Laurent Anisson-Dupéron, bientôt du Péron ou du Perron, épouse Sophie de Barante, sœur de Prosper de Barante, ami de Mme de Staël, préfet sous l'Empire, conseiller d'État et député sous la Restauration, pair de France et ambassadeur à Saint-Pétersbourg sous la monarchie de Juillet, auteur surtout d'une *Histoire des ducs de Bourgogne* qui a longtemps fait autorité. Je ne sais pas comment mon grand-père maternel, Jacques Anisson du Perron – beaucoup d'Anisson s'appellent Jacques ou Alexandre – rencontra Valentine de Boisgelin. Je

Qu'ai-je donc fait

crains que personne ne soit plus capable de me l'apprendre et je regrette amèrement que ma stupidité m'ait empêché, dans mon enfance, d'interroger sur leur famille, sur leur milieu, sur leur genre de vie mon grand-père et ma grand-mère. Ce qui est sûr, c'est que les Boisgelin, de vieille extraction bretonne – un Mgr de Boisgelin, né au début du XVIIIe, archevêque d'Aix puis de Tours et futur cardinal, disait la messe, le jour de Pâques 1802, dans Notre-Dame de Paris rouverte au culte catholique sur les ordres du Premier Consul –, étaient propriétaires d'un château qui sortait d'une longue histoire et que mon grand-père Anisson, ancien capitaine de cavalerie et détenteur d'une fortune qui ne devait pas prêter à rire, avait de quoi l'entretenir. Le château s'appelait Saint-Fargeau. Je l'ai dépeint sous le nom de Plessis-lez-Vaudreuil dans *Au plaisir de Dieu*.

« inventés ! oh ! monsieur !... »

Saint-Fargeau, son château, son histoire – d'Héribert, frère de Hugues Capet, et de Jacques Cœur, grand argentier de Charles VII, à la Grande Mademoiselle, cousine germaine de Louis XIV, fille de Gaston d'Orléans, dit Monsieur, frère de Louis XIII, et d'une Montmorency, et aux Le Pelletier –, sa gloire, son déclin et sa chute hors du royaume de la famille ont joué un grand rôle dans ma vie. J'en ai beaucoup parlé. Et j'ai ajouté ou substitué à la réalité beaucoup de fiction et d'imagination. Un jour que je participais à une de ces fêtes du livre auxquelles j'ai consacré beaucoup de temps – et peut-être un peu trop – et que je dédicaçais à tout vent *Au plaisir de Dieu*, une lectrice s'est approchée de moi et m'a murmuré de ces mots aimables qu'on dit aux écrivains. « Pourtant, a-t-elle ajouté, l'air un peu suspicieux, il y a des détails qui me chipotent. Je connais un peu votre famille. Vous évoquez des oncles et des tantes dont je n'ai jamais entendu parler. En revanche, vous avez un oncle, Wladimir, dont je ne trouve la trace nulle part dans *Au plaisir de Dieu*. » Elle semblait désorientée et sincèrement désolée. « Ah ! madame, lui répondis-je, mon livre est plein de souvenirs, mais c'est d'abord un roman. L'art du roman consiste à inventer avec des souvenirs et beaucoup de personnages et d'événements sont inventés. – Inventés ! me dit-elle. Oh ! monsieur !... Et moi qui croyais que vous aviez tant de talent ! »

Saint-Fargeau, en vérité, n'est qu'une part assez mince, capitale et assez mince, de mon enfance et de ma jeunesse. Mon père, beaucoup de mes lecteurs commencent à le savoir, était diplomate. Il appartenait à cette tribu qui était encore autorisée à se promener dans le vaste monde avec des plumes sur la tête et ma jeunesse tout entière se confond sans doute avec la Puisaye, cette région de Bourgogne à deux pas de la Loire où s'élevait Saint-Fargeau, mais elle est surtout cosmopolite. Je suis d'abord bavarois, moldo-valaque et brésilien avant d'être poyaudin.

« où voulez-vous, monsieur Barrès... ? »

En 1897, Maurice Barrès publie un livre assez célèbre en son temps. *Les Déracinés* retrace les aventures de sept lycéens de Nancy, profondément influencés par leur jeune professeur de philosophie, Paul Bouteiller. Ils en viennent peu à peu à abandonner leur terre natale de Lorraine pour des abstractions et des utopies. Barrès reconstitue l'atmosphère politique et sociale de la nation et de Paris entre les funérailles de Gambetta en 1882 et celles de Hugo en 1885. Il en profite pour exposer les principes de son nationalisme régional : le déracinement détruit toute vie morale et l'amour de la patrie, comme les théories abstraites détruisent les traditions. Peu enclin au respect des traditions, très hostile au nationalisme, André Gide adressa à l'auteur des *Déracinés* une réponse ironique qui fit grand bruit à son époque : « Né à Paris d'un père uzétien et d'une mère normande,

Qu'ai-je donc fait

où voulez-vous, monsieur Barrès, que je m'enracine ? J'ai donc pris le parti de voyager. »

J'aurais pu reprendre à mon compte dès le berceau les mots fameux d'André Gide. Poussant le bouchon un peu loin, j'ai longtemps essayé de faire croire que j'étais né à Rumeli Hisar, en face d'Anadolu Hisar, sur le Bosphore, ou mieux encore dans l'Orient-Express qui a bercé tant de mes rêves de jeunesse. Je suis né à Paris comme tout le monde, mais, à quelques semaines à peine, je suis parti pour Munich où, chargé par nos illusions de séparer la bonne Bavière de la mauvaise Prusse, mon père était en poste. C'était le premier de ces longs voyages qui n'ont jamais cessé.

Toute mon enfance est enfoncée sous la neige et sous les sapins. Neige et sapins des Alpes de Bavière. Un peu plus tard, neige et sapins des Carpates et de la Roumanie. Quand mon père arrive à Munich, Hitler, dont le putsch a échoué, est en prison où il rédige *Mein Kampf*. Huit ans plus tard, par la grâce de votes tout ce qu'il y a de plus démocratiques, il est *Reichskanzler* et, tous les matins, au petit déjeuner, nous découvrons dans le courrier des photos de mon père avec les yeux crevés : c'est la vengeance des nazis contre un étranger qui les a toujours détestés. Vénéré par mon père pour qui il représente la loi et les prophètes, le Quai d'Orsay nous retire de Munich et nous envoie à Bucarest. La neige est au rendez-vous et, tous les hivers, nous nous déplaçons en traîneau. Il m'est même arrivé, au cours de voyages

Nageur entre deux rives

un peu longs vers le nord du pays, du côté de la Moldavie et de la Bukovine, pays des monastères – Voronets, Moldovitsa, Suceava, Sucevitsa... – somptueusement décorés d'icônes et de peintures jusque sur les murs extérieurs, de jeter négligemment sur la neige quelques morceaux de viande entassés avec soin, peut-être pour m'amuser, au fond de notre traîneau : points sombres et minuscules, au loin, sur l'horizon, mieux valait nourrir les loups.

Changement de décor : les choses vont vite. À la veille de la Seconde Guerre mondiale, la neige cède la place au soleil. Léon Blum envoie mon père au Brésil où Paul Claudel l'avait précédé comme ambassadeur de France. On trouve des traces de Rio de Janeiro, de sa musique, de son carnaval dans *Le Soulier de satin*. Je me promenais au pied du Pain de Sucre ou du Corcovado, dans la forêt de Tijuca, à cheval sur les grandes plages d'Ipanema et de Leblon encore désertes le long de l'océan. Paris était loin. Le Front populaire, le Quartier latin, les Grands Boulevards, les théâtres et les cinémas étaient loin. J'avais douze ans. J'étais déjà et encore quelque part entre deux mondes.

je n'écris pas pour passer le temps

Sauf exception et génie, ou, allez ! sans un talent affirmé dans un genre ou dans l'autre, souvent d'ailleurs dans un genre mineur, policier ou comique, les romans sont inutiles et benêts – Pascal n'a jamais lu un seul roman de sa vie –, les Mémoires vaniteux et ridicules. Je me demande qui cette enfance diplomatique pourra bien intéresser. Que j'aie porté des culottes de peau ; que j'aie chanté *O Tannenbaum* ou *Stille Nacht, heilige Nacht* ; que je me sois promené sur les bords du Tegernsee et dans le parc de Cismigiu ; que je rechignasse, enfant, à jouer avec le prince Michel, fils du roi Carol de Roumanie qui filait le parfait amour avec Magda Lupesco, presque aussi célèbre, en son temps, que la duchesse de Windsor ; que j'aie vu mon père accablé, dans son bureau de Bucarest qui ouvrait sur un jardin, par la nouvelle de l'assassinat à Marseille du roi Alexandre de Yougoslavie et de Louis Barthou, le patron du Quai d'Orsay, son ministre et son ami ; que j'aie été réveillé, une nuit, à Rio, sous la dictature de Getulio Vargas, par une agitation inhabituelle, née de la disparition de l'avion de Jean Mermoz – *Croix-du-Sud* – dans l'Atlantique Sud, qui s'en soucie aujourd'hui ? Quelle importance ? Quel intérêt ? Ce qui pourrait justifier des Mémoires et un roman, ce serait l'éclairage qu'ils jetteraient sur une époque et sur des événements à la façon des *Misérables* ou de *L'Éducation sentimentale* ou sur les mécanismes de notre pauvre cœur comme *La Princesse de Clèves*, *Le Rouge et le Noir*, *Le soleil se lève aussi*. Ou, dans le meilleur des cas, sur les deux ensemble, comme les *Essais* de Montaigne ou les *Mémoires d'outre-tombe*.

Je n'écris, pour ma part, ni un roman ni des Mémoires. J'essaie de comprendre le peu que j'ai fait et comment tout ça s'est emmanché. Je n'écris pas pour passer le temps ni pour donner des leçons. Je n'écris pas pour faire le malin ni pour ouvrir, comme ils disent, des voies nouvelles à la littérature. Pouah ! Je n'écris pas pour faire joli ni pour défendre quoi que ce soit. J'écris pour y voir un peu clair et pour ne pas mourir de honte sous les sables de l'oubli.

je ne suis pas toujours de mon avis

J'ai toujours eu du mal à choisir. Je me sentais tiraillé entre des exigences opposées. J'étais, si j'ose me servir des mots utilisés par l'auteur des *Mémoires d'outre-tombe* – mais, lui, avec quelle splendeur ! – comme un nageur entre deux rives. Les choses remontent un peu loin. Dans l'espace, à la distance entre le château de Saint-Fargeau et les postes de mon père, ambassadeur du Front populaire. Dans le temps, à l'écart entre mes deux familles, l'une, depuis toujours, au service de l'État, l'autre attachée à sa terre.
 J'ai défendu la tradition. J'ai aimé le changement. J'ai caressé les institutions. J'ai été fasciné par les rebelles. J'ai été gaulliste parce que le Général était un rebelle qui incarnait la tradition. Le pouvoir pour le pouvoir ne m'a jamais séduit. J'ai détesté Staline et j'ai détesté Hitler, qui se sont partagé le monde pendant quelques années, parce qu'ils ne reculaient devant rien pour conserver un pouvoir qui avait fait

table rase du passé et qui éliminait la moindre forme d'opposition et de contestation. Le plus souvent, j'ai pensé contre moi-même. J'ai un faible pour mes adversaires. Je ne suis pas toujours de mon avis. Ce qui ne veut pas dire que je sois du vôtre. Je m'aime peut-être moins que vous ne croyez. Mais ce que j'aime moins encore, ce sont ces débats inutiles dont sont friands tant d'agités et d'où ne sort jamais aucune lumière. Bonsoir.

le tableau de David

Ma mère appartenait à une famille monarchiste et ultra-catholique. Elle descendait en droite ligne, par les femmes, d'une famille, parlementaire elle aussi, sans doute moins illustre et moins ancienne que d'autres, mais en possession d'une fortune considérable et d'où nous venait le château où nous habitions, dans l'Yonne, en Puisaye : les Le Pelletier de Saint-Fargeau. Un drame, cruel pour cette lignée conservatrice, avait marqué la famille : un des derniers des Le Pelletier de Saint-Fargeau, Louis Michel, avait voté la mort du roi.

J'ai beaucoup raconté cette histoire : l'attitude de mon aïeul à la Convention nationale ; son assassinat, chez le restaurateur Février, au Palais-Royal, par un ancien garde de Louis XVI, du nom de Pâris, le 21 janvier 1793, jour de l'exécution du roi ; l'accession de mon ancêtre, à égalité avec Marat, au statut de victime et de héros de la Révolution ; la

Nageur entre deux rives

présentation par Robespierre de Suzanne, la fille de Louis Michel Le Pelletier, aux conventionnels bouleversés ; la reconversion de Suzanne Le Pelletier au royalisme et le rachat par ses soins, pour cent mille francs-or de l'époque, à Bruxelles où le peintre, régicide lui aussi, était exilé, du tableau de David représentant Le Pelletier sur son lit de mort ; la disparition du tableau, peut-être dissimulé par l'arrière-grand-mère de mon arrière-grand-mère dans l'épaisseur des murs du château de Saint-Fargeau.

Le tableau de David n'était accroché ni dans le salon, ni dans la salle à manger, ni dans la bibliothèque de Saint-Fargeau. Mais il hantait en silence l'esprit de tous les membres de ma famille divisée et unie. Les uns, mon père et moi, brûlions d'en parler ; les autres se cramponnaient à la volonté de se taire. Au cours des repas interminables de famille et des longues soirées d'été, sous le tableau de la Grande Mademoiselle qui avait fini par vendre Saint-Fargeau au banquier Crozat qui l'avait revendu aux Le Pelletier, une vérité lumineuse et un peu dérangeante me sautait aux yeux peu à peu : même dans le cercle si restreint autour de moi, les gens avaient des idées différentes et ne pensaient pas tous la même chose.

les deux clans

La vie était compliquée. Il y avait le clan de mon père : les Alpes de Bavière, les Carpates, le carnaval de Rio, Léon Blum et Louis Barthou, les deux Cambon, Paul et Jules (ah ! ah ! lequel était à Berlin et lequel était à Londres avec Paul Morand pour *attaché cubiste* ?), Philippe Berthelot, secrétaire général du Quai d'Orsay, ami de Claudel et de Giraudoux, la princesse Bibesco, amie de l'abbé Mugnier et de tout ce qui comptait à Paris, qui était si belle, qui habitait Mogosoaia, aux portes de Bucarest, qui avait écrit *Le Perroquet vert* et *Catherine-Paris* que personne ne lisait plus, et Hélène Vacaresco, la poétesse qui aimait tant la France et les passions de l'amour – et il y avait le clan, non pas de ma mère qui s'était ralliée corps et âme, corps et biens, à mon père et à son monde, mais du père de ma mère, le capitaine de cavalerie : le fermier du Haut et le fermier du Ferrier, les gardes-chasse du Cormerat

Nageur entre deux rives

et des étangs du Parre et des Quatre-Vents, le marquis d'Harcourt, la duchesse de Mortemart et toute la tribu des Boisgelin, le doyen Mouchoux et le doyen Voury, curés de Saint-Fargeau, les équipages de chasse à courre en bouton rouge, avec leurs chevaux, leurs chiens, leurs piqueurs et leurs hallalis et toute une troupe de gymnastes qui pensaient bien, c'est-à-dire à peu près comme la fine équipe des mousquetaires de *L'Action française* qui avaient tous tant de talent et qui enflammaient les étudiants du Quartier latin de l'époque, plutôt marqué à droite : Charles Maurras, poète et polémiste, Léon Daudet, l'auteur de *Souvenirs* étincelants, l'ami et le découvreur, parmi tant d'autres, de Céline et de Proust, Jacques Bainville, l'historien, et quelques-uns encore, de moindre stature.

Ce serait trop simple si ces deux clans s'étaient contentés de s'opposer, front contre front, sur tous les points. Non seulement ils se retrouvaient bien souvent sur des positions communes, mais encore à l'intérieur de chacun d'eux apparaissaient des fissures.

une gifle

Mon père était très simple. Et, comme nous tous, il était complexe. Il ne se contentait pas de donner l'image, déjà un peu surprenante, d'un janséniste mondain qui aimait, sinon les bals, du moins les dîners, la conversation, les débats, les conférences : il alliait aussi à une rigueur sans faille un sens profond de la tolérance. D'une exquise politesse, jamais agressif, inébranlable sur les principes qu'il avait adoptés, il était la tolérance même et la rigueur incarnée.

J'ai souvent raconté la scène primitive, d'ordre non pas sexuel mais historique, qui constitue mon souvenir sans doute le plus ancien. Vers l'âge de six ans, du haut de notre balcon diplomatique et munichois qui donne sur l'Isaar, je vois passer un défilé. Il y a du soleil, de la musique, de la gaieté, des chants qui, une dizaine d'années plus tard, allaient faire le tour de l'Europe. Et des drapeaux rouges frappés d'une

Nageur entre deux rives

drôle de croix tordue. Emporté par l'enthousiasme populaire, je me mets à applaudir quand la seule gifle que j'aie jamais reçue de mon père qui était un homme très doux vient m'arrêter dans mon élan et m'apprendre, dès mon âge le plus tendre, qu'il y a une limite à la tolérance : et c'est l'intolérable.

il n'a pas mis trois ans

Un autre exemple de la combinaison chez mon père de l'ouverture de l'esprit et de l'intransigeance me fut fourni au début du terrible été de 1940, sans le moindre nuage et pourtant si cruel, où la France s'écroula. Ambassadeur de France à la retraite, mon père avait été nommé à la tête de la Croix-Rouge française par le maréchal Pétain. Sans le moindre enthousiasme, mais toujours prêt à servir, il accepta aussitôt. Il m'inscrivit pour l'année scolaire 40-41 au lycée Blaise-Pascal à Clermont-Ferrand, il nous installa, ma mère et moi, à Royat, dans la banlieue de Clermont, avec l'idée de venir passer les dimanches avec nous, et il partit pour Vichy et pour l'hôtel du Parc.

Il n'y resta que quelques heures. Ce que d'autres, souvent haut placés, mirent un an, deux ans, ou parfois trois ans, à découvrir avec peine, il le comprit aussitôt. Les lois raciales n'étaient pas encore en

Nageur entre deux rives

vigueur, mais un des premiers actes du gouvernement du Maréchal consista, dès les premiers jours de l'été, à rendre aux gens de Hitler les juifs allemands réfugiés en France. Une décision de cette nature était plus que mon père, qui avait aidé bon nombre de juifs à quitter l'Allemagne au début des années trente, ne pouvait supporter. Il démissionna sur-le-champ. Et il vint nous rejoindre à Royat.

nous sortons de la pièce

Nous habitions à Royat un établissement assez modeste qui s'appelait la pension Bon-Accueil. Dans le salon de la pension trônait une vieille radio en bois d'où jaillissaient le plus souvent des chansons de Rina Ketty – « *J'ai vu toute l'Andalousie-ie-ie, parfum de poésie-ie-ie et d'amour...* » –, de Maurice Chevalier ou de Tino Rossi. Quand le maréchal Pétain s'adressait aux Français – je devais apprendre bien plus tard que ses premiers discours, si beaux, où il nous parlait des mensonges qui nous avaient fait tant de mal et de la terre qui, elle, ne mentait pas, avaient été rédigés par Emmanuel Berl qui était juif et de gauche et que j'allais aimer tendrement –, tous les pensionnaires rassemblés autour de l'antique machine se levaient comme un seul homme en signe de respect. Mon père, ma mère et moi, nous nous levions aussi. Mais c'était pour sortir de la pièce.

la lettre de l'ambassadeur

Un ou deux ans plus tard, mon père me donna encore une leçon. Il s'était lié, avant la guerre, peut-être à Bucarest, avec un collègue allemand qui, comme l'immense majorité de ses compatriotes, avait, par la force des choses, poursuivi sa carrière de diplomate sous le national-socialisme. Je crois me souvenir qu'il s'appelait von Schulenburg et qu'il avait représenté le IIIe Reich à Moscou. Cet ami, perdu de vue depuis plusieurs années, avait trouvé je ne sais où un livre du XVIIIe aux armes de notre famille. Il envoya à mon père une lettre d'une grande courtoisie où, après avoir déploré les événements qui nous avaient accablés, il lui faisait part de son intention de venir à Paris, occupé par les Allemands, lui offrir cet ouvrage en témoignage de leur vieille amitié.

La lettre provoqua chez mon père, qui était d'une nature sensible, une violente émotion. Il était bibliophile, il aimait les livres anciens, il gardait un bon souvenir de son ancien collègue. Pendant deux ou trois jours, il tourna et retourna dans sa tête ce problème minuscule. Il finit par rédiger une lettre dont il nous donna lecture et que je n'ai jamais oubliée. Il remerciait l'ambassadeur d'une pensée qui le touchait. Dans les circonstances où il se trouvait, il n'avait pourtant pas le droit d'accepter un cadeau qui lui aurait fait tant de plaisir. Quand les armées allemandes – qui étaient encore en train de triompher sous toutes les latitudes – seraient enfin battues et que le chancelier Hitler, qui était responsable de tout le malheur du monde, aurait été vaincu et mis, comme il se devait, au ban des nations, il serait heureux d'accueillir chez lui cet ami qui lui restait très cher et de recevoir de sa main ce document inappréciable.

Trente ans plus tard, dans *Au plaisir de Dieu*, je donnais à Sosthène de Plessis-Vaudreuil, mon grand-père de fiction – interprété à l'écran par Jacques Dumesnil qui avait déjà incarné, souvenez-vous, le truand en train de mourir dans les bras de Lino Ventura au début des *Tontons flingueurs* – beaucoup de traits de ma mère et quelques-uns de mon père. Inventons avec des souvenirs : un peu saisi par la folie des grandeurs et pour brouiller les pistes, je faisais tomber une couronne ducale sur le front de mon grand-père et je remplaçais le livre aux armes de la famille par une lettre de Charles Quint. Et cette pièce de collection, j'imaginais que le vieux duc façonné de bric et de broc par mes soins la refusait à contrecœur mais avec fermeté à la façon de mon père.

un succès mitigé

Mon père avait une boussole : c'était le devoir. Il me répétait inlassablement, et le plus souvent je haussais les épaules, qu'il n'y avait rien de plus facile, de plus commode, de plus évident, que de faire son devoir. Le seul problème résidait à ses yeux dans la difficulté de découvrir ce devoir et de repérer où il pouvait bien se nicher, derrière tant de masques et de faux-semblants. On pourrait tout dire d'une seule phrase : mon père était un homme de devoir. Et, toute sa vie, avec un succès pour le moins mitigé, il s'est efforcé de m'inculquer cet amour du devoir que je me contentais de saluer d'aussi loin que possible et dont, lecteur plutôt de Gide et des surréalistes que des traités de morale et des manuels de savoir-vivre, je me méfiais avec allégresse, pêle-mêle avec les valeurs, l'humanisme, les bonnes manières et les prétendues élites qui me faisaient ricaner.

nuances

Mon père n'était pas seul à occuper les étés que je passais en Puisaye, à mi-chemin de Saint-Sauveur où était née Colette dont j'ignorais presque tout et des bords de la Loire derrière lesquels s'étendait, enveloppé de mystère et assez loin de moi, le pays du Grand Meaulnes et d'Yvonne de Galais.

Ma grand-mère maternelle, à sa façon, était aussi une femme de devoir. Comme c'est curieux ! Son devoir était très différent du devoir de mon père. Ma grand-mère et mon père appartenaient peut-être, avec des nuances importantes, à peu près au même milieu. Ils n'avaient pas les mêmes préoccupations, ils n'avaient pas les mêmes idées, ils n'avaient pas la même vision du monde. Ma grand-mère était une sainte femme, écrasée par son mari qui était un capitaine de cavalerie à la retraite reconverti en hobereau. Son devoir à elle consistait à se retirer dans sa chambre quand s'égaraient chez nous, par distraction,

Nageur entre deux rives

par erreur ou invités par mon père, *horresco referens*, des amis juifs, francs-maçons ou divorcés.

Elle avait quatre enfants, très différents les uns des autres : ma mère, aussi dévouée à mon père qu'elle-même l'était à son mari, et trois garçons. Les trois garçons constituaient à eux trois une catégorie à part et très spéciale : c'étaient mes oncles.

qui se souvient encore d'eux ?

Si prodigieusement éloignés tous les trois des opinions et des façons de vivre de ma mère, mes trois oncles ne se ressemblaient pas non plus entre eux. L'aîné s'appelait Roger. Le plus jeune Henri. Celui du milieu portait le nom, très Anisson, d'Alexandre. Mais le Tout-Paris des bars à la mode, des champs de courses, de la fête le connaissait sous le nom de Toto.

Qui se souvient encore aujourd'hui de Roger, d'Alexandre, d'Henri Anisson du Perron ? Quand j'aurai disparu, quand auront disparu quelques personnes âgées qui leur étaient reliées par des liens de parenté ou d'amitié plus ou moins étroits, le grand vent meurtrier de l'histoire s'abattra sur leurs visages, sur leurs noms, sur leurs menues habitudes, sur leur mémoire déjà vacillante, et les emportera.

Roger, l'aîné, le plus proche de ma mère, le seul proche en vérité, était un grand silencieux. Les gens du pays le traitaient de taiseux. Taciturne, peu expansif, il n'avait rien de combatif ni de cocardier, mais le service militaire et la guerre l'avaient maintenu sept ans sous les drapeaux entre 1911 et 1918. Officier de réserve il avait été rappelé en 1939 et fait prisonnier par les Allemands en 1940 : encore cinq ans de vie militaire. Douze années sous l'uniforme, c'était beaucoup pour un civil. Il aurait plu à Vigny. Il ne protestait pas. Il se taisait.

Sa femme s'appelait Anne-Marie. Elle était blonde, savoyarde, d'une gaieté parfois un peu forcée, bienveillante et charmante. Elle ressemblait à un joli mouton et à Mlle de La Vallière, la maîtresse de Louis XIV, dont un portrait ornait les murs du château de Saint-Fargeau. Ma mère l'aimait beaucoup. Moi aussi. Je lui volais des confitures sous l'empire de la faim en 1942.

Elle avait un fils, mon cousin, qui était aussi, dans mon enfance, mon ami le plus proche. Le seul, d'ailleurs, puisque, fils de diplomate, j'ai longtemps été ballotté comme une valise de continent en continent. Sous le grand soleil de l'été et de notre jeunesse évanouie, nous nous promenions ensemble à vélo dans les forêts de Puisaye entre l'étang du Bourdon et les demeures familières de Montréal ou de la Grange-Arthuis où habitaient Bernard et Catherine et tous les autres, nos amis – et nous n'en finissions pas, eux et nous, de nous ramener à bicyclette de propriété en propriété, comme le font à pied, le soir, dans les rues de Paris, les lycéens ivres d'avenir d'Henri-IV ou de Louis-le-Grand.

Mon cousin vit toujours. Il s'appelle Jacques. Il

Qu'ai-je donc fait

était blond. Je l'aimais tendrement. Lui n'aimait pas tellement ce monde où nous vivons : il y a déjà de longues années, il est parti pour Tahiti.

Le plus jeune des frères de ma mère, c'était autre chose. Le visage rond et poupin, étonnamment dépourvu du moindre soupçon d'élégance et de grâce, l'oncle Henri était un brave type avec l'âme, le physique, les habitudes, les plaisirs d'un voyageur de commerce de la plus basse catégorie, dans le style de l'avant-dernier siècle, comme il n'en existe plus aujourd'hui. Il avait une spécialité dont il ne craignait pas d'abuser : les histoires drôles. Il était toujours prêt à en tirer une ou deux de sa poche et à les assener, dans de grands rires, à qui voulait les entendre. Le reste de la famille, et surtout le côté le plus traditionaliste et le plus élégant, parlait de lui avec indulgence et avec une sorte de gêne. Il représentait pour beaucoup, et d'abord pour les siens, la tête de Turc idéale, toujours en proie aux lazzis et aux vexations qu'il ne manquait jamais de susciter et d'accueillir avec une bonne humeur désarmante. Célibataire, sans enfant, peu sportif, à l'écart de toute mode et de toute ambition, gratte-papier dans je ne sais quelle administration publique ou privée, il entretenait avec son frère Alexandre, qui le traitait de haut, des relations exécrables.

la pipe de l'oncle Toto

Mon oncle Alexandre, alias Toto, je vais vous dire : il était moderne, à la mode, dans le mouvement. Il n'était pas beau. Il avait un gros nez comme beaucoup d'Anisson, et comme moi. Mais un je ne sais quel charme se dégageait de sa personne. Il était aussi brillant que son petit frère Henri était terne. Il était drôle et irrésistible. Tout le monde l'adorait. C'était Toto par-ci, Toto par-là. Je crois que mon oncle Henri ne fumait pas. Vieille habitude, peut-être, des tranchées et de la vie militaire, l'oncle Roger fumait la pipe. Toto fumait des choses exquises et exotiques, aussi exotiques que sa femme Clelia, qui donnait l'image de ce qu'il est convenu d'appeler une petite brune piquante et qui était une Grecque d'Égypte, sortie des rêves d'un Mahfouz ou du cher Lawrence Durrell. Et quand lui aussi fumait la pipe, il avait l'habitude, en fin de parcours, d'en frapper le fourneau contre le talon de sa chaussure en un geste

Qu'ai-je donc fait

sonore de danseur déhanché qui me paraissait le comble de l'élégance et de la désinvolture. Ses chemises, ses mocassins, ses vêtements de tweed me fascinaient. Chaque été, il s'amenait avec une voiture nouvelle . une Bugatti, une Cadillac, une Hispano-Suiza, une Isotta-Fraschini. J'avais les yeux hors de la tête. Tout ce qui représentait pour nous le sérieux de l'existence, la politique, les mœurs, la religion, il le passait à la moulinette de son esprit caustique. Sur les sujets les plus divers, il ne cessait jamais de me faire rire. Je l'admirais plus que personne – sauf peut-être Cary Grant. Je l'écoutais bouche bée. Son arme était l'ironie. Mon père détestait l'ironie. Et, je ne sais trop pourquoi, mon père, à mon grand regret, semblait vouloir se méfier de mon délicieux oncle Toto, toujours si plein de ressources.

une vieille sorcière

Mon grand-père maternel avait une sœur : Mme de La Faulotte. C'était une vieille sorcière qui nous faisait grand-peur et que nous comparions volontiers, mon frère et moi, à Mme Fichini ou à Mme Popofski dans les romans de la comtesse de Ségur. Elle habitait, en Normandie, une propriété de brique rouge du nom de Boishimont et elle était, comme son frère, à la tête d'une fortune qui ne prêtait pas à rire. Un jour où nous étions allés nous promener en voiture avec elle, nous étions rentrés au Boishimont, à la suite de je ne sais plus quel incident, beaucoup plus tard que prévu. Les portables n'existaient pas. Le téléphone, à peine. Aux domestiques, une cuisinière et un maître d'hôtel, qui l'attendaient avec une indifférence goguenarde, elle lança, toujours occupée d'elle-même :

« Vous deviez être morts d'inquiétude...

Qu'ai-je donc fait

— Oh ! oui, Madame, glapirent-ils en chœur, plus sérieux que le pape. Nous étions très inquiets ! »

Et ils cachaient si mal leurs véritables sentiments que mon frère et moi, nous nous tordions de rire en silence et nous échangions avec eux d'épouvantables grimaces.

Le chapitre XXIII et dernier du *Général Dourakine* s'intitule : « Tout le monde est heureux. Conclusion ». Dans son style inimitable, la comtesse de Ségur (née Rostopchine) – toujours elle ! – nous y montre le pernicieux vieillard évoquant sa fin plus ou moins proche et « léguant à tous des sommes considérables ». La tante La Faulotte – qui était M. de La Faulotte ? – ne détestait pas donner d'elle-même une image de ce genre. Elle était veuve sans enfant et ne faisait pas mystère de son intention de partager, à sa mort, ses biens entre ses trois neveux et sa nièce, ma mère. Pour s'occuper de sa fortune, qu'elle était bien incapable de gérer elle-même, elle avait choisi le plus futé de ses neveux : le brillant oncle Toto.

un vilain garçon

Les romans sont pleins de combinaisons financières plus compliquées les unes que les autres. Entre les deux guerres, à une époque où le contrôle des changes était encore dans les limbes, Toto avait choisi une solution d'une simplicité remarquable et très en avance sur son temps : il avait planqué le magot en Belgique ou en Suisse et il dirigeait les opérations au moyen d'un compte joint qu'il avait fait signer sans la moindre peine à sa vieille tante égarée. Lorsqu'elle rendit son âme à Dieu, sa fortune entière glissa, sans la moindre histoire, dans l'escarcelle de Toto. Mes parents, je dois le dire, ne furent ni surpris ni indignés. Je crois que le mot juste est : navrés. Ils furent navrés. Pas pour l'argent, qu'ils aimaient avec modération, presque avec suspicion, mais à cause d'une certaine idée qu'ils se faisaient des choses de la vie. Les relations avec l'oncle Toto n'avaient jamais été chaleureuses. Elles prirent fin d'un seul coup. C'était un vilain garçon. Je ne dirai rien de mes propres sentiments.

Au lendemain de son retour à Paris après le fameux voyage en Grèce, en Orient et en Espagne, à propos d'un ouvrage d'Alexandre de Laborde, frère de Natalie de Noailles dont il est alors amoureux, Chateaubriand écrit dans le *Mercure de France* un article célèbre où il vise Napoléon sous le couvert de Néron : « C'est en vain que Néron prospère, Tacite est déjà né dans l'Empire... » Je ne suis hélas ! ni Chateaubriand ni Tacite. Et l'oncle Toto, non ! non ! n'a jamais été Napoléon ni Néron. Mais, enfin, c'est une modeste satisfaction de voir la vérité, la simple vérité, l'âpre vérité, triompher, fût-ce un peu tard, sur un point minuscule, sans le moindre intérêt et oublié de tous.

Bergson, œuvres complètes

Au loin, sur une espèce d'Olympe entouré de nuées, il y avait d'autres Ormesson. Il y avait d'abord Ormesson, le château d'Ormesson. Celui de Le Nôtre et de Diderot. Le château aurait dû, selon les règles en usage, revenir au chef de famille. Mon père était l'aîné et le chef de famille. Mais il avait déjà, du côté de ma mère, une part au moins du château prestigieux de Saint-Fargeau. Et il avait un frère cadet, de onze ans plus jeune que lui, qui s'appelait Wladimir et qu'il aimait tendrement.

Wladimir d'Ormesson avait tout. Il était beau, il était brillant, il avait une femme cubaine qui portait le nom sonore de Conchita Guadalupe de Malo Valdivielso y Zayas Bazán et, à eux deux, six enfants réussis à merveille, plus séduisants les uns que les autres – dans l'ordre, trois filles et trois garçons. Il eut aussi le château par-dessus le marché parce que sa femme avait de quoi l'entretenir.

Qu'ai-je donc fait

Le propriétaire d'Ormesson devait son prénom russe à sa naissance à Saint-Pétersbourg où son père, mon grand-père, était en poste vers la fin du XIXe siècle. Mon grand-père était diplomate, ses deux fils, André et Wladimir, allaient devenir ambassadeurs l'un et l'autre, et, pour ne pas se singulariser, une de ses deux filles, ma tante Yolande, qui poussait tous les talents à une sorte de génie et l'originalité propre à toutes les filles d'Ormesson jusqu'aux abords de la folie, allait, elle aussi, épouser un diplomate, Charles Arsène-Henry, ambassadeur de Pétain au Japon et auteur de deux ouvrages, lus, j'imagine, par quelques dizaines de personnes et porteurs de titres flamboyants : *Prolégomènes* et *Harmonie et Cohérence des choses*.

Tout n'a jamais cessé de réussir à mon oncle Wladimir. Il se jouait de la vie et elle se mettait à ses ordres. J'étais un élève appliqué et sans le moindre génie : ce qui m'émerveillait le plus, c'était que mon oncle Wladimir, si follement doué, n'avait jamais passé son bac. Il avait tout lu plus tard et tout appris par lui-même, après des années de bals et de dîners en ville. Le maréchal Lyautey l'avait remarqué et appelé auprès de lui au Maroc. Il écrivait dans *Le Journal des débats*, dans *Le Temps*, dans *Le Figaro* et il publiait des essais politiques et des livres délicieux : *Enfances diplomatiques* ou *Notre vieille maison*. Paul Reynaud le nommait, en pleine débâcle, ambassadeur au Vatican. De Gaulle, après la guerre, l'envoyait en Argentine, chez Perón, et de nouveau à Rome où il s'installait à la villa Bonaparte, près de la Porta Pia,

Nageur entre deux rives

nouveau siège de l'ambassade de France près le Saint-Siège. À la veille du retour du Général au pouvoir, il était élu Quai Conti.

À la fin de la guerre, au lendemain de la libération de Paris, après une année d'hypokhâgne et une année de khâgne assez rudes à Henri-IV, sous l'occupation allemande, j'étais reçu rue d'Ulm. C'était une espèce de rêve éveillé. Mon ami le plus intime, Philippe Baer – futur père de l'acteur et réalisateur Édouard Baer qui allait triompher sur les planches un demi-siècle plus tard – n'était pas mécontent de la formule que ce mince événement lui avait inspirée : « Il n'a pas été reçu par faveur. Il a été reçu par erreur. » Quelques années plus tard, j'étais reçu au concours de l'agrégation de philosophie. Je passais, à Ormesson, pour l'intellectuel de la famille. Pour fêter mes succès, mon oncle Wladimir, ma tante Conchita, ma demi-douzaine de cousins et de cousines m'offraient une jolie édition des œuvres complètes de Bergson.

C ou une page rude à écrire

Cette page que vous êtes en train de tourner et que vous vous apprêtez maintenant à lire, je dois l'arracher à moi-même avec beaucoup d'efforts et de peine. J'ai passé des années à la faire oublier et à essayer, mais en vain, de l'oublier moi-même. Une démarche souterraine que je ne comprends pas et qui m'étonne me contraint, presque malgré moi, à me souvenir et à parler. Je le fais à contrecœur et avec difficulté.

À peu près de mon âge, le plus jeune de mes cousins avait une femme espagnole Je passais chez eux deux, qui m'accueillaient avec amitié dans le pavillon où ils habitaient à quelques mètres du château d'Ormesson entouré de ses douves, le plus clair de mon temps. C, dont j'ai encore du mal à prononcer ou à écrire le nom qui m'a tant tourmenté depuis plus d'un demi-siècle, était belle, intelligente, un peu sauvage, pleine de passion et de vie. Comment naquit entre nous cette passion cruelle qu'on appelle l'amour ? Je n'en sais plus rien. Une espèce de brouillard se lève dès que je tente de penser à elle. Elle était sombre et gaie. Elle était la séduction même. Je la regardais. Elle m'écoutait. Je faisais ce qu'il fallait pour qu'elle veuille bien m'écouter. L'amour est ce qui se passe entre deux êtres qui s'aiment. Très vite, je ne pensai plus qu'à C. Et C, je crois, pensait aussi à moi.

C n'était pas la première femme que j'aie aimée. Enfoui sous mes livres, j'avais déjà connu, rue d'Ulm, les bonheurs sans nom et les chagrins de l'amour. Ils m'étaient tombés sur le cœur avec une sorte de stupeur. J'avais compris assez vite que les plaisirs des livres, la curiosité, le spectacle de ce monde auquel j'étais si sensible n'étaient presque rien au regard des tempêtes d'une passion qui, réconciliant cette âme et ce corps dont la liaison m'avait tant intrigué chez Descartes ou chez Spinoza, emportait tout sur son passage. Il est tout à fait possible de ne pas s'inquiéter de l'amour. Les prêtres, les prisonniers, les demoiselles de province au temps de nos arrière-grands-parents, les marins au long cours, les savants austères entourés de leurs chats peuvent penser à autre chose avec beaucoup de détachement et d'efficacité. Une fois que vous vous êtes abandonné à la funeste passion, le monde change de couleur. Il vous échappe. Un délire vous entraîne. Ce n'est pas en vain que le désir est au cœur de la vie et qu'Éros règne sur les êtres humains. Les seuls instants de plénitude dans l'existence de chacun de nous se confondent avec l'amour. Il n'est pas impossible qu'il s'agisse exclusivement de réactions chimiques et nerveuses. Elles vous bouleversent avec une violence qui ne vous est jamais venue de vos idées, ni de vos convictions, ni des plaisirs que vous avez pu éprouver. L'amour vous livre la clé de tous les mystères. C'est dans les bras de quelqu'un d'autre que le sens de l'existence vous est soudain révélé. Par le plus formidable des paradoxes, vous n'êtes pleinement vous-même qu'à l'instant où vous perdez tout contrôle sur vous-même.

Je marchais dans mon rêve. Je cachais mes manœuvres. Je me grisais de silence. J'avançais, les yeux clos.

portrait d'un traître

Le plus difficile consiste à refuser à la fois de se traîner dans la boue et de se justifier à tout prix. Mon oncle Toto ne s'était pas bien conduit. Dans un autre registre, je me conduisais plus mal que lui. J'étais le traître, évidemment. En politique et dans la littérature – chez Aragon notamment, et chez d'autres –, la trahison, plus tard, m'a d'ailleurs beaucoup occupé. L'amour était mon excuse. Il a bon dos. Cet amour lui-même était-il donc si pur ? Ma folie de vouloir être le premier, toujours et partout, ne s'exerçait pas seulement dans les études et dans les concours. Elle s'exerçait aussi, et ce n'était ni la première ni la dernière fois, dans le domaine de l'amour où elle n'avait pourtant rien à faire. J'étais moins sûr de moi que je ne le faisais croire. Il me fallait l'emporter sur les autres. Je l'emportais. Pleurs de joie. Ces pleurs de joie sont des larmes de honte.

j'aurais mieux fait de m'inscrire au Parti

Il ne s'agissait pas seulement pour moi de l'emporter sur les autres. Il fallait aussi me faire une place au soleil. J'avais besoin de révolte. J'aspirais à briser des interdits et à donner des coups de pied dans la sacrée fourmilière. Je n'en savais rien, bien entendu. J'aurais pu, pour échapper au bonheur familial et bourgeois qui me cernait de partout, devenir fasciste, communiste, anarchiste ou entrer dans les ordres. Je sentais, de temps à autre, des tentations de ce genre. La douceur, la fermeté, la tendresse de mon père, l'espèce d'adoration que me portait ma mère finissaient par me peser. L'amour étouffe très bien. L'ordre est un carcan, une charge lourde à porter. Quand le téléphone sonnait, rue du Bac, où nous habitions, presque en face de Romain Gary, dans un ancien hôtel de cette princesse de Salm qui avait subi quelques années le nom moins gracieux de Pipelet, je me précipitais vers l'appareil. Car je savais que mon

Nageur entre deux rives

père, quand une voix féminine demandait à me parler, n'hésitait pas à répondre : « Qu'est-ce que vous lui voulez encore ? » Et ma mère écartait volontiers de ma frêle personne les institutrices ou les femmes de chambre – privilèges, privilèges... – dont les charmes trop affirmés risquaient de me pervertir. J'avais besoin d'air. J'avais soif de rébellion. Quelque chose de ces tourbillons est passé dans les mots que j'allais jeter pêle-mêle, quelques années plus tard, dans un petit livre insolent et hirsute aux allures d'éruption : *Du côté de chez Jean.* J'aurais peut-être mieux fait de m'inscrire au Parti ou, comme tant de mes camarades, de me jeter dans un trotskisme qui m'aurait fait du bien à défaut d'en faire aux autres. Je me jetais dans les bras de C.

« je voudrais t'épargner le retour... »

J'aimais C. Il faut aller jusqu'au bout. Non seulement j'ai fait tout ce que je pouvais pour lui plaire, mais je n'avais, dès le départ, pas la moindre intention de faire ma vie avec elle. Voilà que nous glissons, je le crains, dans les pires poncifs de la littérature du niveau le plus bas. Je l'ai détruite, j'ai détruit tout un pan de cette famille à laquelle j'étais attaché et je me suis détruit moi-même. Puisque je l'aimais, je n'avais qu'à partir avec elle, à m'établir ailleurs à ses côtés, à construire ensemble quelque chose de durable. Je suis parti. Avec elle. Et je suis revenu. Chez mes parents, abreuvés de larmes et changés en personnages de Greuze devant un vase cassé.

Une double honte m'envahit. Dans *Le Retour de l'enfant prodigue* de Gide, le fils prodigue rentré au bercail dit à son frère puîné, tenté à son tour de fuir la maison paternelle qui lui pèse et l'enferme : « Je voudrais t'épargner le retour ; mais en t'épargnant le départ. » Je ne me suis épargné ni le départ ni le retour. Le départ avait quelque chose de triomphant dans la transgression et dans la révolte. Le retour était de la honte sur la honte.

Nous nous étions installés dans un obscur appartement parisien où un malaise croissant lutta bientôt contre la passion. Et nous étions partis sur les routes à travers l'Europe pour nous tourner la tête. L'idée d'être responsable de C, d'être lié à elle, de devenir un couple me paraissait aussi insupportable que l'idée de la quitter. Je voulais bien l'enlever. Je ne voulais pas la garder.

Que pouvait faire C ? Elle se débattait dans son chagrin. Elle assurait me comprendre. Mais elle me méprisait. Je crois qu'elle m'avait aimé. Je crois qu'elle m'a méprisé. Je me méprisais moi-même. Pendant des années, j'ai eu du mal à dormir. Des cauchemars ont peuplé mes nuits qui avaient longtemps été si douces.

lâche et médiocre

On ne va pas tomber dans le sirop d'orgeat d'une littérature d'édification et de la repentance. « Le remords, nous dit Spinoza, est une seconde faute. » Je n'écris pas un roman rose et noir. Je retrace un itinéraire. J'explore une trajectoire. Il n'est pas exclu que le souvenir de C m'ait contraint à des attitudes de dérivation, à des opérations de camouflage, à des démarches de silence et d'évitement dont mes livres gardent la trace tout autant que ma vie. Une distraction obstinée. Un certain flou. Une façon de ne pas jeter toutes les cartes sur la table. Il y avait un trou dans mon existence et je le comblais comme je pouvais.

C a été une des trois ou quatre femmes que j'ai aimées dans ma vie. Je l'ai mal aimée. Je ne me le pardonne pas. Ce n'est pas très agréable à écrire : avec elle que j'aimais, j'ai été lâche et médiocre. Avant, et même après, j'ai souvent été gai, charmant,

Nageur entre deux rives

audacieux, plutôt distrayant j'espère, très libre. Malgré des défauts que je prenais plaisir à avouer : l'indifférence, le cynisme, une touche de muflerie qui ne fait de mal à personne. Avec elle, j'en ai trop fait, et trop peu. J'ai été consternant.

Il m'est arrivé, plus d'une fois, d'être malheureux en amour. C'est un sentiment désagréable. Il faudrait plutôt dire : cruel. On préférerait souffrir mille douleurs dans son corps, on préférerait mourir. C'était moins insupportable que ce bain de honte où je m'étais plongé avec une femme que je prétendais aimer. Une bonne partie de ma vie a consisté à oublier. Ou à essayer d'oublier. Il est souvent plus difficile d'oublier que de se souvenir. Je n'ai oublié ni C qui valait mieux que moi ni la façon dont je me suis conduit avec elle.

du pain sur la planche

Mon oncle Roger et mon oncle Wladimir, Saint-Fargeau et Ormesson, le côté de ma mère et le côté de mon père – et, à Saint-Fargeau même, l'oncle Henri et l'oncle Toto – étaient des mondes différents, à mille lieues les uns des autres. Les conversations n'étaient pas les mêmes, les façons d'être n'étaient pas les mêmes, les préoccupations n'étaient pas les mêmes. Il y avait pourtant quelque chose de commun à ces univers séparés par des océans d'étrangeté et d'incompréhension : ils étaient unis par le milieu, par le langage, par les manières de table et par la religion. Voilà du pain sur la planche.

du gâteau pour Bourdieu

Libéral, tolérant, ardemment républicain, esclave de son devoir, largement influencé par l'idéologie des Lumières, mon père, sur un point au moins, était aussi réactionnaire que la famille de ma mère qui aurait vomi ces Lumières si elle avait jamais réussi à s'en faire la moindre idée. Et le côté de Wladimir tout entier partageait les mêmes vues et marchait dans les mêmes chemins. Tous, et mon père plus encore que les autres, vivaient dans le culte du *milieu*. Quelles que fussent nos idées, nos convictions, nos habitudes, nos façons d'être, nous appartenions au même milieu.

Le milieu était une réalité difficile à définir. Nous étions plongés dans notre milieu comme les hommes sont plongés dans le temps, comme les poissons dans l'eau. Il était, tout naturellement, le milieu par excellence. « Il est de notre milieu » ou « Elle n'est pas comme nous » étaient des formules courantes. « Le milieu » n'était pas très différent de ce que nous appelions « notre monde » ou tout simplement « le monde ». Les Esquimaux, dans leur langue, s'appellent eux-mêmes « Inuit », c'est-à-dire : « les hommes ». Comme beaucoup d'autres peuples, ils apparaissent, à leurs propres yeux, comme les hommes tout court. De la même façon, notre monde était le monde tout court. « Aller dans le monde » voulait dire « aller dans notre monde, voir des gens comme nous ». Une femme du monde, un homme du monde étaient une femme ou un homme de notre monde. Je ne sais plus quel plaisantin – Forain, peut-être, ou Alphonse Allais ? – assurait qu'une femme du demi-monde était une femme qui couchait avec un homme sur deux. Sans être rigoureusement imperméables, le monde et le milieu étaient clos par définition. Notre monde était le meilleur parce que c'était le nôtre. Notre milieu faisait loi.

Le milieu était si évident qu'il était, la plupart du temps, inutile d'en parler. Il s'imposait de lui-même. Il avait ses règles écrasantes et secrètes qui auraient fait le bonheur de Bourdieu si, à l'horreur de mes oncles et de mes grands-parents, il avait pu se glisser parmi nous. Il était inutile, et d'ailleurs impossible, d'essayer de lui échapper. Même les plus rebelles, il finissait par les rattraper. Comme la syphilis, il en restait toujours quelque chose. Disons les choses plus simplement : nous nous mariions dans le même milieu, c'est-à-dire entre nous.

Depuis ma plus petite enfance, cette notion de

milieu m'intriguait. Je ne la comprenais pas bien. J'avais sur ce sujet avec mon père des conversations sans fin.

« C'est une question d'argent, lui disais-je.

— Pas du tout ! » s'écriait mon père qui se méfiait de l'argent avec sincérité et, plus encore, de ce qu'il appelait « les affaires » et qu'il détestait cordialement. « La plupart des gens très riches n'appartiennent pas à notre milieu et des gens sans la moindre fortune peuvent parfaitement en être. »

Et il m'énumérait des exemples de cousins fauchés comme les blés qui appartenaient depuis toujours et de droit à notre milieu.

« Alors, c'est peut-être plutôt une question de race ? demandais-je avec perfidie.

— De race ? Ah ! pas du tout ! C'est une question d'éducation, de manière de se tenir, de valeurs communes, de morale. »

Cette histoire de milieu remontait assez loin. Pour mieux rester en famille, pour éviter surtout de partager le pouvoir, les richesses et les suprêmes dignités, les pharaons d'Égypte n'hésitaient pas à épouser leur sœur. Les Bourbons, les Habsbourg, les Saxe-Cobourg-Gotha, toutes les familles royales ou princières n'en finissent pas de s'épouser entre elles. La reine Victoria est la grand-mère ou la tante de toutes les têtes couronnées qui vont entrer en guerre, d'un côté ou de l'autre, en 1914. Jusqu'à la Seconde Guerre mondiale, un paysan de Picardie, de Bretagne, du Massif central, de Provence n'épousait pas une

193

étrangère – et les étrangers commençaient aux limites de la région, du département, du canton. Épouser un Jaune, une Noire, une Arabe ou un Indien était inimaginable dans les classes dirigeantes ou possédantes – et même dans les autres – du XVIIIe et du XIXe siècle.

Ce sont les Américaines riches et les juives fortunées qui lancent avec succès les premières offensives contre les bastions du milieu. Mon père balayait les Américaines d'un revers de la main. Les jeunes filles juives de la bonne société – les Rothschild en tête, mais beaucoup d'autres à leur suite, et peut-être surtout des juives américaines, qui étaient moins américaines que les autres Américaines, moins sportives et plus cultivées – l'embarrassaient davantage. Il faut le reconnaître : fermé à double tour par les pharaons, par les Habsbourg, par les paysans français et par notre propre famille, le milieu ne résistait pas aux Rothschild, aux Greffulhe, aux Fould, aux Say, aux Singer, aux Gould. Il s'ouvrait avec réticence mais avec gratitude, parfois avec cynisme, aux grandes fortunes qui venaient au secours des Castellane – mari d'une Gould, Boniface de Castellane, dit Boni, un des rois du Paris de l'époque, parle de sa chambre à coucher comme d'une « chapelle expiatoire » et lance à l'amant de sa femme, surpris en pleine action : « Oh ! monsieur, vous qui n'y êtes pas obligé !... » –, des Choiseul Praslin, des Polignac, des Breteuil, des Caraman-Chimay, de tout ce qui se nomme. Il s'ouvrait aux Américaines qui restauraient les châteaux et embellissaient les jardins. Mais les ponts-levis qui

Nageur entre deux rives

s'abaissaient pour les laisser passer avec leurs comptes en banque se relevaient aussitôt derrière elles. Les Indiennes, les Libanaises, les Chinois bien sûr, les Africains devraient encore attendre longtemps sous les murailles du château.

urph

Une des clés du milieu était le langage. En Angleterre il creusait un fossé entre ceux que les fameuses sœurs Mitford et quelques autres avaient baptisés les U et les *non-U – U* renvoyant à *Upper Class*. Chez nous, dans ces toutes dernières années, la banlieue et les SMS ont fait surgir une langue différente du français littéraire. Au sein du français classique, les Précieuses, au XVIIe siècle, dans la célèbre chambre bleue de l'hôtel de Rambouillet, ou les symbolistes, à la fin du XIXe, autour du *Mercure de France*, n'ont entraîné qu'un nombre dérisoire de disciples dans les labyrinthes un peu ridicules d'un discours tarabiscoté auquel les confiseurs, les marins, les huissiers ne comprenaient rien. Malherbe recommandait déjà de parler comme les crocheteurs du Port-au-Fouarre. Et mon grand-père maternel, le réactionnaire, le lecteur de *L'Action française*, n'éprouvait aucune difficulté à s'entretenir, d'égal à égal, avec ses fermiers, ses valets d'écurie, les charbonniers de ses forêts. Ce qui faisait le propre du langage du milieu était dans les détails.

« Le parler que j'aime, écrit Montaigne, c'est un parler simple et naïf, tel sur le papier qu'à la bouche, un parler succulent et nerveux, court et serré, non tant délicat et peigné comme véhément et brusque. » Nous utilisions, comme Montaigne, le langage le plus simple. Avec un peu de rigueur. Nous disions : « Ce matin », nous disions « Ce soir », mais jamais « Ce midi ». Nous n'allions pas « au coiffeur ». Nous ne montions pas « sur Paris ». Nous laissions « 18 heures » ou « 20 heures » à l'administration et aux chemins de fer. Nous utilisions « 6 heures » ou « 8 heures du soir » Nous ne nous servions pas d'apocopes : nous ne consultions pas de « psy », nous ne nous présentions pas au « bac », nous ne nous laissions pas influencer par la « pub » qui s'appelait alors la *réclame*, nous ne regardions pas la « télé » – qui n'existait d'ailleurs pas. Nous parlions tout au long et avec naïveté.

L'imparfait du subjonctif était déjà, dans mon enfance, en train de disparaître. Son emploi était rare et prêtait plutôt à rire. Surtout dans le domaine des sports, de la chasse, des courses de chevaux, les mots anglais commençaient à apparaître en nombre. Je me souviens d'un mot venu de l'argot des courses, qui signifiait chic, élégant, exceptionnel et que mon grand-père utilisait couramment : *urph*. Il me semble que cette expression a totalement disparu. Je n'en découvre plus trace nulle part. À défaut de trouvailles qui ressembleraient à la langue secrète utilisée en Angleterre par les *Altesses du placard* – toujours les terribles sœurs Mitford ! –, ce qui était caractéristique du milieu, à Saint-Fargeau, c'était une intonation. Et une prononciation.

Quiconque aurait prononcé l'*x* d'Auxerre, d'Auxonne, de Bruxelles ou le *l* de Belfort, quiconque aurait dit *cotes* du Rhône au lieu de *côtes* du Rhône aurait été rejeté aussitôt dans les ténèbres extérieures. Plus encore que les noms de villes ou de régions, il fallait savoir manier les noms de famille et ne pas ignorer que La Trémoille se prononçait *La Trémouille* ; Broglie, *Breuil* ; Castries, *Castre*. Et Ormesson, *Orm-eu-sson*. Les choses se compliquaient délicieusement avec les noms de lieux correspondant aux noms de famille. Les *Breuil* habitaient *Bro-g-lie*, les *Castre* habitaient *Castr-i-es*. Talleyrand se prononçait *Tal'rand*, mais il était permis à des originaux ou à des raffinés de prononcer *Taillerand*.

La chasse, et surtout la chasse à courre qui était encore, dans ma petite enfance, une des occupations favorites de ma famille maternelle à Saint-Fargeau, fournissait d'excellentes pierres de touche pour distinguer le bon grain de l'ivraie. L'emploi de l'expression cor de chasse était rédhibitoire : dans les forêts de Puisaye, les chasseurs sonnaient de la trompe. La toque des cavaliers portait le nom de bombe. Le piqueur, qui s'occupait des chevaux ou des chiens de chasse, se prononçait *piqueux*. Le *bouton*, qui désignait à l'origine les boutons aux armes de la famille qui ornaient la tunique rouge ou bleue des chasseurs, avait fini, selon les lois de la métonymie, par définir leur tenue elle-même. On parlait du bouton du rallye Pique-Avant Nivernais ou de l'équipage Tonnay-Charente. Malgré la cruauté des bat-l'eau et des hallalis, une ombre d'écologie régnait dans le vocabulaire familial. Il y avait avantage à connaître le nom des arbres, la litanie des poires – la Williams Bon Chrétien, la Belle de Limoges, la Doyenné du Comice, la Beurré Hardy, la Soldat Laboureur, la Passe Crassane, la Précoce de Trévoux, la Duchesse d'Angoulême, la Fondante de Malines, la Saint Michel Archange, la Fortunée de Printemps... –, la liste des vins par régions, bien sûr, et leur classification, le catalogue des chevaux selon leur couleur.

Nous ne mangions pas : nous prenions un petit déjeuner, nous déjeunions, nous goûtions, nous dînions, nous soupions. Nous avions le droit de manger du bœuf, des sandwichs, des chocolats. Nous n'avions pas le droit de manger sans complément direct. Dès qu'il s'agissait des repas et de leur ordonnance, le mot « manger » était rigoureusement interdit. La formule « À quelle heure mange-t-on ? » n'était pas seulement abjecte : elle était inimaginable.

La convivialité n'était pas notre fort. L'expression spontanée d'une sympathie naturelle, non plus. « À vos souhaits ! » après un éternuement n'était pas recommandé. La formule pouvait passer, à la rigueur, avec une intention comique appuyée. « Enchanté ! », en revanche, à l'arrivée, « Au plaisir ! » en partant, et même « Bon appétit ! » étaient tout à fait impossibles.

Toutes ces formes d'encouragement étaient au-delà du ridicule. Je ne parle même pas de « Bonne continuation ! » qui n'avait pas encore entrepris son éblouissante carrière. « Bonne journée ! », « Bonne soirée ! » se situaient aux limites du supportable. Peut-être pouvait-on murmurer avec un sourire à qui partait pour un théâtre plein de risques ou pour un dîner probablement ennuyeux : « Je vous souhaite une bonne soirée. »

En toute circonstance et en règle générale, la seule formule à recommander était le silence. Nous ne participions pas beaucoup. Nous ne nous épanchions pas. Nous nous taisions beaucoup. Exprimer ses sentiments ou ses convictions avec trop de véhémence n'était pas de très bon ton. À Saint-Fargeau, sauf mon père et ma mère, bien entendu, qui fondaient en larmes plus souvent qu'à leur tour, nous gardions nos troubles pour nous, nous dissimulions plutôt nos émotions quand il nous arrivait d'en éprouver, nous communiquions nos réflexions avec beaucoup de réserve. Nous échangions peu d'idées. Nous ne disions pas grand-chose. Nous parlions pour ne rien dire. Le plus souvent, du temps qu'il faisait, de la famille, de chasse, des jardins ou de la forêt. Très peu de politique. Jamais d'argent, de divorces, de ragots, de nos souffrances physiques ou morales.

Le 1er janvier, en revanche, les enfants écrivaient à leurs grand-mères, à leurs tantes, à leurs grand-tantes. C'était une corvée à laquelle il n'était pas question de se soustraire. À Paris – où nous habitions le faubourg Saint-Germain qui avait détrôné Clichy et le

Marais ou, à la rigueur, dans le VIIIe –, à des fins pratiques et parfois sentimentales dont l'écho peut être trouvé dans le théâtre de boulevard de l'époque, nous envoyions des « petits bleus » qui étaient acheminés par des circuits pneumatiques. Une des formes de communication les plus utilisées était le dépôt de cartes de visite, cornées ou non – la carte de visite cornée signifiait en principe que vous vous étiez dérangé vous-même, mais c'était pure hypocrisie : un chauffeur ou un valet de pied se chargeait toujours de la besogne –, parfois agrémentées, non pas même de quelques mots, mais de trois lettres – *p.p.c.* : pour prendre congé, si vous partiez en voyage, sur vos terres, pour les eaux, ou *p.p.n.* : pour prendre des nouvelles.

La télévision n'existait pas. Les enfants lisaient. La radio était un immense meuble de bois d'où sortaient des gargouillis. De bois aussi, et flanqué d'un cornet que nous nous mettions à l'oreille, le téléphone était commandé par une manivelle qu'il fallait tourner avec frénésie pour obtenir une de ces demoiselles du téléphone chères à Marcel Proust. Nous lui demandions d'une voix de stentor qui résonnait dans tout le château Invalides 13-40 ou Littré 10-10 ou le 9 à Asnières que nous obtenions avec peine. Appeler l'étranger était du plus mauvais goût, et d'ailleurs presque impossible. Le téléphone retentissait à Saint-Fargeau avec une sage parcimonie : une fois par mois, en moyenne. À l'extrême rigueur, en cas de décès ou de pneumonie dans la famille, deux fois. Sa sonnerie, assez bruyante, déclenchait aussitôt parmi nous la plus vive agitation. Politiques ou privées, les nouvelles, par définition, étaient toujours mauvaises et nous nous efforcions avec succès d'en obtenir et d'en donner le moins possible.

les manières de table

Les chaussures jouaient, à Saint-Fargeau, un rôle assez surprenant : un coup d'œil sur les chaussures des visiteurs suffisait à les classer. Et puis, bien sûr, les manières de table.

Les manières, en général, constituaient l'essentiel de la vie sociale et des relations avec les autres. La formule « Il a de jolies manières » ou « Il a de vilaines manières » tombait comme un couperet obligatoire. Les fonctions, le talent, le caractère, les vertus, les idées passaient après les manières. J'ai connu beaucoup d'escrocs qui avaient de bien jolies manières et pas mal d'hommes et de femmes remarquables qui en avaient de très mauvaises. Je me suis souvent demandé si le mot *manières* avait un long passé derrière lui. Peut-être est-il apparu au moment où elles commençaient à disparaître ? Mme de Boigne se sert plutôt du mot *façons*, qui, déjà dans mon enfance, n'était plus utilisé dans ce sens. Quoi

Qu'ai-je donc fait

qu'il en fût, les manières constituaient un phénomène tout à fait indéfinissable. C'était une façon d'être, d'arriver, de partir, de parler, de se taire, de se tenir. Vous pouviez être brillant et n'avoir aucunes manières. Vous pouviez être idiot et avoir de jolies manières. C'était même le cas le plus courant. Les manières flottaient en vous et autour de vous sur un mode plus mythique que réel. Et elles culminaient dans les manières de table.

Les manières de table étaient très loin de se limiter au milieu. Il y avait les manières de table dans le cadre restreint de Saint-Fargeau et les manières de table généralisées comme il y avait, à peu près à la même époque, grâce à Einstein, une relativité restreinte et une relativité généralisée. Les manières de table sont un thème triomphant de l'ethnologie militante et Claude Lévi-Strauss en a parlé avec éclat. Chez nous, elles n'étaient pas codifiées et personne n'en parlait jamais. Mais elles régnaient sans partage. Je dirais volontiers qu'à Saint-Fargeau, en matière de manières, le geste l'emportait sur la parole. Il y avait une liturgie secrète et jamais exprimée du geste et de la manière d'être.

Oui, nous mettions nos mains dans les poches, mais jamais quand nous parlions à nos parents ou à nos grands-parents. Nous ne posions évidemment pas nos coudes sur la table – ni d'ailleurs sur le rebord de la vitre baissée quand nous conduisions une voiture. Nous nous tenions très droits devant notre assiette, et même ailleurs. Nous ne nous appuyions pas au dossier de la chaise ou du fauteuil où nous étions installés. Et si nous étions assis dans une pièce ou à table et qu'une femme ou une personne âgée entrait, nous nous levions comme un seul homme.

Robert Mazoyer a tiré d'*Au plaisir de Dieu* un film de neuf heures pour la télévision où Jacques Dumesnil, déjà cité, était le plus convaincant des grands-pères. Dans un plan du film, un peu avant la ruine et l'abandon de Plessis-lez-Vaudreuil, les frères et le cousin sont assis autour de la table du petit déjeuner. Le grand-père entre. Ils ne se lèvent pas. Lorsque j'ai vu cette scène, je me suis dit, en dépit de mon affection pour le metteur en scène, que le film était bon à jeter au cabinet.

Ce n'était pas la première fois que je recevais un coup au cœur. En relisant un de mes anciens livres – peut-être *Dieu, sa vie, son œuvre* ? –, je suis tombé sur un passage où le duc d'Enghien est fusillé dans les fossés de Versailles – au lieu de Vincennes. Comment une telle erreur avait-elle pu m'échapper ? Dans *La Gloire de l'Empire*, à une époque reculée, au nord de l'Italie ancienne, des soldats mangent de ce maïs qui ne sera introduit en Europe que par Christophe Colomb. Plus récemment, dans le film que Frédéric Mitterrand m'a consacré avec beaucoup de talent sur la 5, je me suis entendu dire que Chateaubriand avait reçu Juliette Récamier à la Vallée-aux-Loups entre 1807 et 1817. Chateaubriand achète bien la Vallée-aux-Loups en 1807, à son retour de Grèce, d'Orient et d'Espagne, et il s'en sépare bien en 1817. Mais ce n'est qu'en 1817, à l'époque même de la mise aux enchères de la propriété – le 28 mai, à un

Qu'ai-je donc fait

dîner chez la duchesse de Broglie, fille de Mme de Staël en train de mourir –, qu'il se lie avec Juliette Récamier. Et c'est à Juliette Récamier, amie de Mathieu de Montmorency, le nouveau propriétaire, qu'il reviendra de recevoir Chateaubriand dans son ancienne demeure de la Vallée-aux-Loups. Qu'ai-je donc fait ? À Plessis-lez-Vaudreuil, à Saint-Fargeau, les jeunes gens se levaient quand leur grand-père entrait.

À table s'imposait avec rigueur un protocole non écrit. Même dans les périodes de dèche, les assiettes de Sèvres ou de la Compagnie des Indes, héritage d'une arrière-grand-mère ou d'un arrière-grand-oncle disparu sans laisser d'enfant, étaient flanquées d'une argenterie aux armes de la famille qui avait survécu aux dettes de jeu, aux banqueroutes, aux occupations étrangères. Une règle fondamentale, dont personne ne connaissait l'origine mais que personne n'aurait osé enfreindre, stipulait que cette argenterie – fourchettes, couteaux, cuillers en nombre considérable et à destination très précise qu'il s'agissait de connaître – pouvait être posée sur la table ou sur une assiette, mais jamais, au grand jamais, à moitié sur la table et à moitié sur une assiette. Si l'un de nous, par extraordinaire, par maladresse, par inattention, se laissait aller à abandonner sa fourchette en équilibre sur la table et sur le bord de son assiette, la réaction était immédiate. « Jacques ! » ou « Jean ! » ou « Henry ! » Et le coupable, aussitôt, repoussait l'instrument vers le milieu de son assiette immémoriale. Personne ne laissait jamais une cuiller debout dans une tasse ou dans un bol. Il fallait la remettre au pied de la tasse, sur la soucoupe ou sur l'assiette. Quand un convive commençait à raconter une histoire que tout le monde connaissait déjà, nous avions l'habitude de poser notre couteau sur le verre devant nous. Nous prétendions que c'était une coutume anglaise, mais peut-être s'agissait-il d'une invention familiale.

Nous mangions de tout. Mais pas n'importe comment. Il ne serait venu à l'esprit d'aucun de nous de venir déjeuner ou dîner en baskets, en espadrilles ou sans cravate. Nous nous habillions pour dîner. Nous nous habillions même – mais autrement – pour déjeuner. L'influence de l'Angleterre n'était pas assez forte pour nous contraindre au port du smoking après le coucher du soleil. Mais aucune femme n'aurait jamais osé venir déjeuner ou dîner en pantalon et, le soir, les hommes se mettaient, sinon *in fiocchi*, formule italienne appréciée de mes grands-parents et qui signifiait en tralala, du moins en bleu ou en gris. À l'exclusion du tweed réservé aux déjeuners de chasse et du marron qui n'était pas très comme il faut.

Les places à table étaient fixées par un ordre immuable qui semblait tombé du ciel à la façon des tables de la loi. La première place, de droit, revenait toujours à l'Église. Un cardinal, s'il s'en présentait, un archevêque ou l'évêque évidemment, mais aussi le curé du village était immanquablement assis à la place d'honneur. Le duc de Windsor, qui, avant son mariage avec Wallis Simpson, avait été roi d'Angleterre et qui commençait souvent ses phrases par la formule : « *When I was a king...* », vint un jour

Qu'ai-je donc fait

déjeuner à Plessis-lez-Vaudreuil – ou plutôt à Saint-Fargeau. Le curé du village fut bien entendu invité avec quelques voisins triés sur le volet. Mais la question se posa : où placer l'homme de Dieu ? Il était difficile de le faire passer avant l'ex-roi d'Angleterre. Le reléguer à la deuxième place parut si monstrueux qu'il sembla plus judicieux de l'inciter à ne pas venir.

Si délicats à manger, les ortolans, comme les truffes, comme le caviar, n'apparaissaient pas souvent sur la table familiale. Mais peler une poire ou une pêche, venir à bout d'une caille ou d'un pigeon étaient des exercices difficiles. Nous les menions à bien sans trop de dégâts. La règle était d'éviter également l'afféterie et la maladresse, la fausse élégance et la grossièreté.

Les menus, à Saint-Fargeau, étaient extrêmement simples. En automne surtout et en hiver, le gibier en fournissait l'ornement principal. Les vins étaient souvent bons. Ils constituaient comme les pierres témoins d'une cave et d'une chère qui avaient dû, à une grande époque dont nous conservions le souvenir mythique et un peu flou, donner l'image d'une somptuosité époustouflante. J'ai publié dans *Au plaisir de Dieu* un menu retrouvé parmi de vieux papiers. Il date d'une période récente, la fin du XIXe siècle, où les grandes heures de Saint-Fargeau n'étaient déjà plus qu'un lointain souvenir. Il donne pourtant encore une idée de l'appétit des grands-parents de nos arrière-grands-parents :

Nageur entre deux rives

MENU

Consommé florentine
Croustades à la Régence
Esturgeon à la ravigote
Turbot sauce cardinal
Selle de Béhague à la Renaissance
Suprême de volaille à la Maintenon
Salmis de bécasse à la Cambacérès
Turban de foie gras en gelée
Ortolans rôtis sur canapé
Salade sicilienne
Asperges en branches
Bombe Johannesburg
Tuiles dentelles
Biscuit au parmesan

Le menu, très 1900 – où le lecteur aura remarqué, après les croustades à la Régence et le turbot cardinal, des bécasses à la Cambacérès qui n'auraient jamais été tolérées à une table monarchiste quelques années plus tôt et qui datent le document –, était naturellement écrit à la main, à l'encre violette, en belles anglaises ornées et un peu gothiques, sur un épais carton aux tranches dorées, avec des armes gravées en relief. Les vins, bien entendu, n'étaient pas indiqués sur le menu, comme on le fait aujourd'hui pour être tout à fait sûr que la splendeur de la dépense n'échappera à personne, et peut-être aussi parce que les maîtres d'hôtel n'ont plus le même talent que jadis pour murmurer à l'oreille des invités les noms sacrés des crus et leur date de naissance . « château-margaux, 1892..., château-latour, 1895... »

Dans mes jeunes années, les plats arrivaient froids sous l'invraisemblable lustre composé de trompes de chasse suspendu au-dessus de l'immense table de l'immense salle à manger creusée dans une tour dont les murs comptaient plusieurs mètres d'épaisseur. La cuisine, qui datait de la Grande Mademoiselle et du siècle de Louis XIV – la légende voulait que Lully y ait été marmiton –, était située à une distance astronomique de la salle à manger. Il fallait emprunter deux escaliers plus raides l'un que l'autre et parcourir toute une série de couloirs. Le trajet prenait plusieurs minutes. Le service, qui avait longtemps exigé des escouades de cuisiniers, de marmitons, de maîtres d'hôtel solennels, de fringants valets de pied, était assuré par une cuisinière cacochyme et par son vieux mari, Jean Gonin, qui faisait partie de la famille, qui semblait sorti d'un film gothique de l'époque du muet et qui se traînait avec peine des fourneaux délabrés et hors d'âge jusqu'à nous qui l'étions presque autant.

Le contraste était violent entre le passé d'une grandeur virtuelle et la déchéance du présent. Sous les fameuses trompes de chasse, la table de chêne massif de la salle à manger constituait comme le symbole de ce choc entre le temps de la splendeur et le temps du déclin. Elle était assez grande pour accueillir une trentaine de convives. Quand nous étions quatre ou cinq égarés autour d'elle – mon grand-père, mes deux parents, mon frère Henry et moi –, nous avions le sentiment de nous apercevoir de très loin et nous avions du mal à nous entendre.

nous chantons

Si présents, si pesants, le milieu, le langage, les manières de table n'avaient pas beaucoup d'importance. Ce qui nous tenait ensemble, c'était la religion.

À Ormesson comme à Saint-Fargeau, nous étions catholiques. Catholiques, apostoliques et romains. En matière de religion, comme dans toutes les autres matières, les nuances, bien entendu, ne faisaient pas défaut parmi nous. Entre le jansénisme de mon père, plus moral qu'intellectuel et bizarrement teinté d'un zeste de gallicanisme et de voltairianisme, et la religion ironique et cynique de mon oncle Toto, il y avait un abîme. Cet abîme n'était rien. Nous étions catholiques.

Jusque dans la nuit des temps, nos parents, nos grands-parents, nos arrière-grands-parents étaient nés et morts dans la religion catholique. Les enfants étaient catholiques. Ils étaient baptisés et élevés dans la connaissance des dogmes de leur religion traditionnelle. Reconstruit peut-être, comme toujours, un de mes plus anciens souvenirs me montre déguisé en enfant de chœur rouge et blanc, avec dentelles et surplis, sur les marches de la chapelle de Saint-Fargeau où, par un merveilleux paradoxe, était enterré mon lointain grand-père révolutionnaire et régicide. Je suis entouré de chasseurs en habit rouge qui sonnent de la trompe devant leurs chiens que va bénir notre curé. Je tiens à la main un missel et un encensoir d'où sortent des flots de fumée odorante. Ce jour-là, ou la semaine d'avant ou d'après, je me rappelle m'être endormi au pied de l'autel où j'étais prosterné. Une sonnerie de clochette m'a réveillé en sursaut. J'ai agité mon encensoir.

Les messes de chasse à courre dans la chapelle du château étaient des sortes de fête. Tous les dimanches matin, nous allions suivre la messe à l'église du village. La religion était faite de rites. Nous les célébrions avec exactitude. L'avent, les vêpres, les rogations, la confirmation, la confession, le jeûne du carême et du vendredi saint nous étaient familiers. Noël, avec la naissance de Jésus, Pâques, avec sa résurrection, étaient de grandes fêtes chrétiennes où la religion l'emportait de très loin sur le mythe du Père Noël à la tête de ses rennes et de son traîneau ou sur les œufs, peints en rouge et en bleu ou en chocolat, cachés par les parents dans tous les coins de l'immense cour de brique rose où poussaient des zinnias. Et surtout, surtout, le matin de la fête de l'Assomption de la Vierge Marie, le 15 août, nous participions tous, en masse, à la grande procession qui se déroulait, derrière les bannières déployées, derrière la fanfare au grand complet, derrière Monsieur le Doyen entouré des enfants de chœur, dans les vertes allées bordées de tilleuls, de sapins et de chênes, autour de la pièce d'eau.

Il y avait la pharmacienne, l'horloger, le notaire, le capitaine des pompiers. Nous connaissions presque tout le monde. Nous marchions lentement sous le soleil. Le prêtre récitait le chapelet ou lançait des prières auxquelles la foule répondait. Et, d'abord et avant tout, nous chantions. Nous chantions de tout notre cœur. Avec peut-être une ombre de joyeuse ironie et avec conviction. La religion était une sorte de musique de l'âme. Elle se confondait avec le chant et elle s'exprimait par notre voix.

Que chantions-nous ? Nous chantions le *Salve Regina* :

Salve Regina, mater misericordiae. Vita, dulcedo et spes nostra, salve.
Ad te clamamus, exsules filii Hevae. Ad te suspiramus gementes et flentes in hac lacrimarum valle...
O clemens, o pia, o dulcis Virgo Maria...

Ou le *Magnificat* :

Magnificat anima mea Dominum...
Quia fecit mihi magna qui potens est, et sanctum nomen ejus.

Nageur entre deux rives

Et misericordia ejus a progenie in progenies timentibus eum.
Fecit potentiam in brachio suo : dispersit superbos mente cordis sui.
Deposuit potentes de sede et exaltavit humiles.
Esurientes implevit bonis, et divites dimisit inanes...

C'est-à-dire :

« Mon âme, glorifie le Seigneur...
Parce qu'il a fait en moi de grandes choses et que son nom est saint.
Sa miséricorde se répand d'âge en âge sur ceux qui le craignent.
Il a déployé la force de son bras : il a dispersé ceux qui s'enorgueillissaient dans les pensées de leur cœur.
Il a renversé les puissants de leur trône, et il a élevé les humbles.
Il a comblé de biens les affamés, et a renvoyé les riches les mains vides... »

Nous n'étions plus très puissants mais nous étions encore riches et nous ne cessions de nous enorgueillir dans les pensées de notre cœur. Et nous chantions avec entrain. Nous chantions :

O Vierge-e Mari-e, mère-e du Très-Haut,
Mère-e du Messie-e, le divin Agneau,
Vierge incomparable, espoir d'Israël,
Vierge-e tout aimable, clair parvis du ciel,
Vierge Marie, priez pour nous !

Qu'ai-je donc fait

O mèr-e très pure-e du Christ rédempteur,
Mère-e sans souillure, mère-e du Sauveur,
Vierge-e vénérée-e, mystique attribut,
Fontaine-e scellée-e, porte du salut,
Vierge Marie, priez pour nous !

Ou :

Élève-toi, mon â-âme,
Élève-toi, mon âme, à Dieu,
San-ans cesse, élè-ève-toi,
Mon âme, à Dieu,
San-ans cesse, élè-ève-toi,
Mon âme, à Dieu.

Ou, avec un enthousiasme qui faisait plaisir à voir :

Chez nous, soyez reine,
Nous sommes à vous.
Régnez en souveraine.
Chez nous,
Chez nous.

Soyez la Madone
Qu'on prie à genoux,
Qui sourit et pardonne.
Chez nous,
Chez nous.

Nous chantions. Dans les fumées de l'encens, un mélange d'ironie, d'ennui, de gaieté, d'espérance et de foi nous emportait au-delà de nous-mêmes.

Je n'étais pas un enfant pieux. L'effusion n'était pas mon fort. L'imagination, le rêve, la légèreté, une sorte de vagabondage intellectuel s'emparaient déjà de moi. Lorsque je servais la messe, lorsque je disais mes prières du matin ou du soir, je pensais à autre chose. Mais, autour de nous tous, de nos chagrins, de nos projets, la religion dressait ses hautes murailles protectrices.

Dieu était une forteresse. *Eine feste Burg*, disait Bach dont nous écoutions les cantates. Il ne pouvait rien nous arriver : tout était dans sa main. La Providence veillait. Elle faisait le travail à notre place. Nous ne théorisions pas. L'histoire de l'Église nous était inconnue. La théologie, la métaphysique, la transcendance, nous ne savions même pas ce que c'était. Sauf ma grand-mère, qui était confite en dévotion, la foi ne nous étouffait pas. Mais le doute nous était étranger. Les choses étaient ce qu'elles sont parce que Dieu le voulait ainsi. C'était une consolation formidable, une sorte de cure de sommeil permanente et à jamais réparatrice, une assurance sur la vie et sur l'éternité.

Que croyions-nous ? D'abord, qu'il y avait un Dieu tout-puissant dont nous étions les créatures. Ensuite, qu'il était descendu sur cette Terre par l'entremise de la Vierge Marie. Enfin, que la mort nous ouvrait les portes de la vie éternelle. C'était à peu près tout. Nous ne nous interrogions guère sur les débuts de l'univers, sur l'Incarnation, sur l'origine des dogmes, sur la nature de l'âme. Mais Jésus et Marie nous étaient aussi proches et aussi chers que notre propre famille à laquelle nous étions si attachés. Le duc de Lévis Mirepoix était l'heureux propriétaire d'un tableau qui représentait un de ses ancêtres prosterné devant la Vierge, son chapeau à la main. Marie se penchait avec douceur et la légende lui prêtait ces mots : « Couvrez-vous, mon cousin. »

Dieu était le garant de l'ordre de ce monde où nous avions notre place. Ce qui nous arrivait de bien, c'était lui. Que son saint nom soit béni. Ce qui nous arrivait de mal, c'était lui aussi. Que son saint nom soit béni. C'était lui qui voulait que Saint-Fargeau fût à nous. C'était lui qui voulait que le premier rang à l'église nous fût attribué. C'était lui qui décidait de la date de la mort des parents et des enfants, des grands-parents et des petits-enfants.

C'était lui qui pardonnait. Bien avant la psychanalyse, la confession était une liturgie de la parole qui éclairait les abîmes d'une âme où se mêlaient conscience et inconscient, où le refoulement et la mauvaise foi ne cessaient de lutter contre la lumière du bien et où les choses du sexe – « Combien de fois, mon fils ?... » – jouaient un rôle dominant. La confession nous rendait une pureté sans cesse menacée par les assauts du monde et du temps. Elle avait ce don merveilleux d'effacer le passé. Les catholiques sont, par excellence, des gens capables, grâce au repentir, de transformer le passé et de lui donner un sens nouveau. La confession nous permettait de recevoir notre Dieu dans un corps rendu à sa clarté première.

Nous mangions notre Dieu. Le christianisme est, autant que je sache, la seule religion où, sous les espèces du pain et du vin ou sous la forme d'une hostie, les fidèles mangent leur Dieu. Nous le mangions avec bonheur, avec allégresse. Et il nous protégeait.

Il s'agissait de se distinguer sans se faire remarquer. Nous savions nous tenir parce que nous avancions dans la lumière de Dieu. « Tiens-toi bien, me disait ma mère, et ne te fais pas remarquer. » Nous nous tenions aussi droits que possible parce que Dieu était avec nous, en nous, au-dessus de nous. « *Gott mit uns* », disaient les Allemands. « *Dieu et mon droit* », disaient les Anglais. Il y avait un Dieu. Le monde était justifié.

Quand Dieu nous protégeait, nous marchions la tête haute. Quand Dieu nous abandonnait, nous acceptions ses décrets. Dans un lit de douleur ou sur les champs de bataille, parfois dans les fêtes où nous nous rendions jusqu'à la limite de nos forces, assez souvent à cheval dans les layons de nos forêts, nous savions mourir. C'était la moindre des choses. Nous savions aussi, et c'était plus difficile, accueillir les échecs, les déceptions, les revers avec un front serein. Dieu le veut ! C'était notre cri. Quand, à l'époque où des difficultés financières nous contraignirent à nous séparer de Saint-Fargeau, je découvris à Rome, dans le voisinage immédiat de l'église San Giovanni a Porta Latina, le petit temple octogonal élevé par un cardinal bourguignon avec, sur le linteau, l'inscription « AU PLAISIR DE DIEU », je compris aussitôt que j'avais trouvé le titre du monument de papier que je voulais élever à la mémoire du monument de pierre en train de nous échapper.

Qu'ai-je donc fait

Dieu nous menait comme par la main. Nous avions le droit, et peut-être le devoir, de collaborer avec lui. Mais c'était toujours lui qui décidait du succès ou de l'échec de nos entreprises misérables. À nous, les larmes, le travail, parfois la victoire et l'orgueil meurtrier. À lui, la puissance et la gloire.

ce qui m'attendait

Voilà, à peu près, d'où je venais. Il ne serait pas impossible d'aller plus loin dans l'examen des conditions d'existence des héritiers déchus de la noblesse de robe et de la haute bourgeoisie. Il y faudrait plus de talent que je n'en ai. Peut-être ai-je réussi à donner au moins une idée de ce qui nous agitait, de ce qui nous séparait et de ce qui nous unissait.

À Saint-Fargeau déjà, je nageais entre deux rives : le côté de mon père, où régnait l'amour de la République, et le côté de ma mère, peuplé de trompes de chasse. Entre Saint-Fargeau et Ormesson, le contraste était plus vif encore. Dominée par les Lumières ou par l'*Imitation de Jésus-Christ*, la vie à Saint-Fargeau était tournée vers le passé. Plongée dans les courants de la modernité avec une pointe d'exotisme assurée par Cuba et par Saint-Pétersbourg, l'existence à Ormesson était autrement excitante et brillante.

Ces nuances, ces oppositions, ces déchirements, tout cela n'était rien au regard de ce qui m'attendait.

45, rue d'Ulm

Je suis passé presque sans intermédiaire des jupes de ma mère à l'hypokhâgne et à la khâgne du lycée Henri-IV qui préparaient au concours de la légendaire École normale supérieure.

Du tabernacle de la rue d'Ulm d'où étaient sortis Jaurès et Péguy, Bergson et Giraudoux, Jean-Paul Sartre et Raymond Aron, j'ignorais presque tout. Je suis entré en hypokhâgne parce que je ne savais pas à quel saint me vouer et que le monde me faisait peur. Mon frère aîné, Henry, qui avait longtemps passé pour un cancre, était entré brillamment dans la nouvelle École nationale d'administration créée par Michel Debré sur les instructions du général de Gaulle et il en était sorti, plus brillamment encore, dans l'Inspection des finances, fleuron des fleurons de l'État républicain, à laquelle appartenait au moins un personnage mythique de Malraux dans *La Condition humaine*.

Nageur entre deux rives

Mon père, déjà, s'inquiétait de moi et de mon avenir. Dans d'interminables promenades autour de la pièce d'eau de Plessis-lez-Vaudreuil, il me demandait ce que je comptais faire de ma vie. Ce que je comptais faire de... ? La panique me prenait. Je ne voulais rien faire du tout. Objet des ambitions de tant de jeunes gens très savants et très décidés, l'hypokhâgne et la khâgne, avec leurs noms barbares, étaient des sortes de trous noirs où je me jetais pour disparaître. Par je ne sais quel miracle dont je ne serai jamais assez reconnaissant à mes parents et à ce grand monstre chaud de l'Éducation nationale, je fus admis à Henri-IV dans ce saint des saints qui, en pleine occupation allemande, servait de nid peu douillet à des créatures un peu particulières.

changement de décor

Le décor changeait. Aux chauffeurs d'ambassade, aux valets de pied de la République en habit à la française, aux piqueurs de Saint-Fargeau, à mes oncles en leggins et en tweed et à ma grand-mère dans ses vastes châles noirs qui portaient le deuil de la monarchie guillotinée succédaient Boudout, Dieny, Hyppolite et Alba.

C'étaient de grands professeurs. Sec, coupant, peu agréable au premier abord, merveilleux avec moi, Victor Alba avait été trépané et gardait un trou sur le devant de son crâne. Il avait connu son heure de gloire en révisant les manuels d'histoire de Malet et Isaac qui avaient constitué la bible de plusieurs générations d'étudiants. Dieny, qui nous enseignait la Grèce ancienne, son histoire, sa langue et la topographie de la Rome républicaine et impériale, était un rêveur d'une délicieuse maladresse, empêtré dans ses fiches sous nos hurlements de rire. Plus proche de Proust qui croyait aux livres que de Sainte-Beuve qui s'intéressait aux existences et à leurs accidents, Jean Boudout m'a appris à lire. Il prenait un texte de quelques lignes et il nous le confiait pendant une heure ou pendant une semaine pour lui tordre le cou. Il s'agissait de tirer de ces quelques mots tout ce qu'il était permis d'en attendre. Quand nous les rendions à Boudout, ils étaient à bout de souffle, exsangues, pressés comme des citrons : ils avaient tout avoué. Jean Hyppolite était le plus célèbre de nos maîtres. Il avait traduit de l'allemand *La Phénoménologie de l'esprit* et passait pour le meilleur connaisseur en France de la pensée difficile de Hegel. Je ne comprenais presque rien de ce qu'il nous disait et je l'écoutais avec passion. Il souffrait d'asthme et il nous récitait d'une voix sifflante, en reprenant avec peine une respiration pleine d'hésitations qui donnait à sa diction quelque chose de pathétique, *La Jeune Parque* de Valéry :

> *Qui pleure là, sinon le vent simple, à cette heure*
> *Seule, avec diamants extrêmes ?... Mais qui pleure,*
> *Si proche de moi-même au moment de pleurer ?...*
>
> *Tout-puissants étrangers, inévitables astres*
> *Qui daignez faire luire au lointain temporel*
> *Je ne sais quoi de pur et de surnaturel...*
>
> *Salut ! Divinités par le rose et le sel,*
> *Et les premiers jouets de la jeune lumière,*
> *Îles !...*

Qu'ai-je donc fait

À eux quatre, avec quelques autres – Jankélévitch, Bachelard, Merleau-Ponty, Jean Wahl, Guéroult, Gouhier, Canguilhem, Étienne Gilson, Alquié... dont je lisais les livres avec une bonne volonté touchante –, la constellation Hyppolite, Boudout, Alba, Dieny m'a introduit dans un royaume inconnu, très éloigné des neiges des Carpates et des Alpes de Bavière, des longues plages d'Ipanema et de Copacabana, de la chasse à courre et des valets de chiens dans les forêts de Puisaye et dont personne ne m'avait jamais rien raconté : le royaume de la pensée, le royaume du langage, de la parole et des mots.

trotskistes

Le contraste entre Saint-Fargeau et Henri-IV était vif à l'étage de mes maîtres. Il était encore plus violent à l'étage des élèves. Tous mes amis, tous ceux que j'enviais, tous ceux que je regardais avec stupeur et admiration étaient trotskistes. Propriétaire d'une bonne partie des vignes de Pommard qui lui assuraient des revenus confortables, futur psychanalyste de renommée internationale, Jean Laplanche était trotskiste. Futur spécialiste de Machiavel, intellectuel du premier rang, Claude Lefort était trotskiste. Neveu de Louis Renault qui n'était pas en odeur de sainteté à la Libération, frère de Jean-François Lefèvre-Pontalis – homosexuel militant, très proche de Louise de Vilmorin qui l'avait surnommé « l'Orphelin » et auteur, réputé génial, d'un grand roman virtuel qu'il poursuivait dans une chambre du Ritz et qui ne verra jamais le jour –, Jean-Bertrand Pontalis, futur pilier des Éditions Gallimard, psychanalyste comme Jean

Qu'ai-je donc fait

Laplanche et auteur avec lui d'un fameux *Vocabulaire de la psychanalyse*, était plus ou moins trotskiste lui aussi.

Le trotskisme, je n'en avais pas la moindre idée. J'étais idiot. J'en ignorais tout. Je savais que Trotski avait organisé l'Armée rouge, qu'il s'était brouillé à mort avec Staline et qu'il avait été assassiné d'un coup de piolet à Mexico par un agent communiste du nom de Ramón Mercader dont Jorge Semprún et beaucoup d'autres allaient plus tard s'occuper. J'avais lu le *Manifeste du parti communiste* de Marx, j'avais essayé, avec beaucoup de peine, de lire des bribes du *Capital*. Je n'avais jamais rien lu de Trotski. Je le soupçonnais d'une capacité de violence au moins égale à celle de Staline et de n'être entouré d'un vague parfum de pseudo-libéralisme que parce qu'il était l'ennemi mortel du dictateur communiste. Dès la fin de l'occupation allemande et les débuts de la Libération, la puissance de raisonnement et d'organisation des trotskistes m'avait beaucoup frappé. Je ne savais pas très bien ce qu'ils voulaient, mais je voyais clairement qu'ils le voulaient avec force. Je me souviens de ma conviction que le pouvoir allait très vite leur tomber entre les mains. À voir les génies qui m'entouraient, je m'étonnais que ce ne fût pas déjà chose faite.

vingt ans après

Vingt ans plus tard, Mai 68 était un carnaval révolutionnaire joué par des fils de bourgeois et mis en scène par des trotskistes sur une musique surréaliste. C'était le triomphe et la fin, au moins temporaire, du trotskisme. On raconte qu'à une bande de braillards excités qui manifestaient sous sa fenêtre Jouhandeau aurait lancé : « Allez ! Allez ! Vous serez tous des notaires ! » Il était difficile de mieux dire. Ils sont tous devenus des notables. Surgis de barricades d'où les communistes étaient absents, les trotskistes, souvent sortis de milieux aisés ou intellectuels, se sont retrouvés dans les parlements nationaux et européens, dans les journaux, dans les médias, dans les banques, dans les organisations patronales, dans de grosses voitures derrière des cigares et, bien entendu, à l'Inspection générale de l'Éducation nationale. Ils se sont coulés dans le vieux monde vermoulu dont ils sortaient, qu'ils voulaient détruire et qui est devenu ou redevenu le leur.

 Ce qui m'a le plus indigné, à l'époque, ce n'était pas la révolte contre le Général, la famille, l'ordre établi, mais contre les maîtres à qui je devais tout. Je me rappelais Laplanche et Lefort et Pontalis et moi en train d'écouter Hyppolite. Quand j'appris que des ordures avaient été déversées sur la tête de Paul Ricœur, je compris que, selon la prédiction de Karl Marx, les bégaiements de l'histoire s'achevaient en comédie.

le grand écart

Henri-IV, le Panthéon, la bibliothèque Sainte-Geneviève, la rue d'Ulm, la rue Mouffetard, les pavés de la rue Gay-Lussac étaient très loin de la charpente en bois de chêne du château de Jacques Cœur et de la Grande Mademoiselle et des deux hectares d'ardoises de son toit aux grosses tours et aux légères tourelles, peut-être d'inspiration orientale. Tout ce qui séparait mon père de mon oncle Toto ou mon grand-père maternel de mon oncle Wladimir et qui m'avait tant frappé me paraissait soudain insignifiant. Entre le monde de mon enfance et de ma jeunesse et le bouillon de culture et de révolution où je me trouvais jeté, il y avait des distances sidérales. Quand, après avoir quitté, le matin même, ma classe de khâgne ou la rue d'Ulm, j'arrivais, le soir, pour les fêtes de Pâques ou pour les vacances de Noël, dans la grande salle à manger où m'attendaient mon grand-père et mes tantes, ou quand je revenais au contraire parmi mes trotskistes (tendance Lambert) après un dimanche de procession dans le parc du château derrière Monsieur le Doyen et les bannières de la Vierge ou après deux jours de chasse à courre avec les Mortemart et les d'Harcourt qui trouvaient mon père bien à gauche, la tête me tournait devant le grand écart auquel j'étais condamné.

À quelques heures de distance, il arrivait que la conversation en vînt aux mêmes sujets : à Léon Blum, par exemple, au Front populaire, à la guerre d'Espagne, à la révolution de 1917 en Russie ou au sort du tsar et de la famille impériale. Entre Paris et la Puisaye, c'était comme une photographie en couleurs qui passait soudain au noir et blanc. Ou comme ces dessins où apparaissent en un déclic une configuration nouvelle ou un paysage différent. Léon Blum, à Saint-Fargeau ou à Ormesson, c'était la gauche, modérée ou extrême, objet de toutes détestations et à laquelle mon père était pourtant lié. À Henri-IV et rue d'Ulm, c'était un de ces gérants camouflés de la bourgeoisie et de la droite, un de ces ours savants de la social-démocratie sur lesquels Aragon, que je découvrais avec émerveillement, recommandait d'ouvrir le feu. Le monde était une succession de poupées russes qui sortaient les unes des autres et qui ne se ressemblaient pas.

Quand je préparais le concours de la rue d'Ulm, les troupes allemandes occupaient Paris. C'était encore un autre paysage et une poupée russe différente. Les oppositions entre ma famille conservatrice et mes maîtres et mes amis de gauche ou d'extrême gauche s'atténuaient à leur tour. C'était une chance : contre le national-socialisme hitlérien, non seulement les nuances internes à Saint-Fargeau ou les contrastes entre Saint-Fargeau et Ormesson s'effaçaient jusqu'à disparaître, mais l'opposition entre mon milieu familial et mon milieu d'élection se réduisait comme par miracle.

En même temps qu'un certain nombre d'autres préceptes qui étaient autant de contrevérités – « le sage est celui qui ne s'étonne de rien » ou « l'éternité est un temps sans fin »... –, la morale bourgeoise m'avait appris que les choses sont ce qu'elles sont. Je découvrais l'absurdité de la formule. La relativité découverte par Einstein dans l'infiniment grand s'appliquait aussi sur notre planète minuscule. Les choses bougent, elles changent, elles ne cessent jamais de se transformer : elles ne sont jamais ce qu'elles sont. Il y a autant de mondes que de regards portés sur lui.

Un monde s'évanouissait, un autre monde naissait. C'était le même, bien entendu. Mais il était multiple. Ses reflets s'opposaient, ses images se combattaient. J'étais pris dans cette bataille. Je faisais comme je pouvais le grand écart imposé. J'étais, une fois de plus, et à plus grande échelle, le nageur des deux rives.

un monde qui change

J'essaie de montrer, à travers une mince trajectoire personnelle, le grand chambardement du milieu du xxe siècle. Il y faudrait des volumes et le génie d'un Tocqueville. Je vais très vite. Je cours la poste. Ma vie n'est même pas exemplaire. Je n'aurai pas connu deux terribles expériences qui ont marqué mon temps, ou le temps juste avant moi : grâce à Dieu, je n'ai été déporté ni dans un camp de concentration nazi comme des millions de juifs, de communistes, de résistants, ni dans un des goulags de Staline – et, n'étant ni chinois ni cambodgien, je n'ai pas été pris dans les horreurs de la révolution culturelle de Mao ou des Khmers rouges ; et, hélas ! je n'ai pas participé à l'aventure des Français libres à Londres, autour du général de Gaulle, je n'ai pas appartenu à l'immortelle escadrille Normandie-Niémen – c'est un des regrets de ma vie –, je n'ai pas été un héros de l'Union soviétique et je n'ai joué aucun rôle dans la

Résistance nationale. Je n'ai jamais cessé d'être un privilégié, peut-être plutôt timoré. Je suis le chroniqueur extérieur des drames de mon époque, le témoin à peine engagé d'un monde en train de changer.

Paul Morand écrit quelque part :

« — Qu'est-ce que c'est que ces craquements ? demanda dona Sidonia affolée.

— Ce sont les frontières qui craquent : ma mère, notre vieux monde se découd. »

C'est ce vieux monde en train de se découdre – « Cours ! cours ! camarade, le vieux monde est derrière toi » – que je m'efforce de raconter.

tout s'écroule toujours

La question est de savoir si le monde n'a pas toujours été en train de se découdre et de se défaire. Depuis les temps les plus reculés, chaque génération a eu le sentiment que ses valeurs disparaissaient et que l'avenir était lourd de menaces. À plusieurs reprises, la crise de découragement et de méfiance à l'égard de l'avenir semble avoir été aussi forte qu'aujourd'hui. Platon se plaint des jeunes gens de son temps qui ne respectent plus rien et il craint que l'écriture, qui ne remonte pas si loin, ne marque la fin de toute culture, fondée à son époque sur la récitation par cœur des textes fondateurs. Chez nous et autour de nous, le haut Moyen Âge entre le Ve et le IXe siècle, le terrible XIVe siècle avec sa peste noire, les guerres de religion, la guerre de Trente Ans n'ont pas dû être de tout repos. La chute de Troie ou de Carthage, la période des royaumes combattants en Chine, la destruction du califat de Bagdad en 1258,

Nageur entre deux rives

la fin des empires aztèque et inca sous les coups des Espagnols, la répression en Pologne, en Vendée, en Arménie, ne sont pas des parties de plaisir. Autour de l'an mille, l'empereur byzantin Basile II, dit le *Bulgarochtone* – le tueur de Bulgares –, renvoie chez eux quinze mille prisonniers bulgares dont il a fait crever les yeux. Ils partent sous la conduite de cent cinquante guides dont un seul œil a été crevé. En voyant surgir sous les murs de sa ville l'armée des fantômes aveugles qui semblent sortir pour nous d'un tableau de Brueghel l'Ancien, le tsar Samuel meurt sur le coup de chagrin et d'effroi. Sur plusieurs siècles, la traite meurtrière des Noirs par des marchands d'esclaves africains, arabes, européens – dont le père de Chateaubriand sur son navire l'*Apollon* – ou américains est un souvenir d'horreur longtemps supportée avec indifférence. À chaque instant de l'histoire, le monde est sur le point de s'écrouler – et de se reconstruire.

la victoire de Prométhée

Les hommes ne sont pas plus sages, plus intelligents, plus dignes d'admiration aujourd'hui qu'ils ne l'étaient hier : Goethe, Proust, Darwin, Einstein ne l'emportent pas avec évidence sur Homère ou sur Platon. Il est peu vraisemblable, en revanche, que nos modernes soient pires que nos anciens. Ce qu'il y a avec certitude, c'est qu'ils sont plus puissants.

Quel que soit le déclin proclamé du niveau de nos études, un enfant de sept ans en sait plus aujourd'hui sur l'univers autour de lui et en lui que Ptolémée ou Aristote. Nous connaissons nos origines ; nous avons vaincu l'espace à défaut du temps ; nous vivons beaucoup plus vieux ; et nous sommes capables, pour la première fois depuis le début du monde, de détruire notre planète.

Disons les choses brièvement : Prométhée, vainqueur, l'a emporté sur l'Olympe. Nous nous sommes débarrassés d'une Providence qui avait régné sur l'univers pendant treize milliards d'années et nous avons pris en main notre propre destin. C'est une charge un peu lourde. Elle nous remplit d'orgueil. Et elle nous épouvante.

Vous souvenez-vous encore de cette bonne Mme de Boigne et de l'attention qu'elle prêtait à « l'état actuel des nations sur la terre » ? Il semble que nous puissions lui répondre d'un seul mot : nous avons mis Dieu de côté.

deux noms d'apocalypse

Nietzsche a chanté la mort de Dieu. On raconte que sur le mur d'une université quelque part dans le monde une main avait écrit : « "Dieu est mort" – signé Nietzsche ». Une autre main avait barré la formule et avait tracé au-dessous : « "Nietzsche est mort" – signé Dieu ». Au lendemain d'Auschwitz, beaucoup se sont demandé si le nom de Dieu pouvait encore être prononcé. Toutes les époques ont connu des ennemis de Dieu. Le XXe siècle a été, par excellence, le temps de son absence. Deux hommes ont mené contre lui, à une échelle jusqu'alors inconnue et par des moyens différents et semblables, un combat sans merci : Staline et Hitler.

Plus que mon oncle Toto et mon oncle Wladimir, plus que Boudout et Hyppolite, plus que les neiges de Bavière ou des Carpates et les longues plages de Rio, plus que les forêts de Puisaye, Hitler et Staline, ces deux noms d'apocalypse, ont dominé ma jeunesse.

Le premier à paraître sur la scène de l'histoire est Staline. Hitler peut se présenter comme une double réponse au chômage, à l'inflation, à la misère, à l'humiliation d'un côté et à Staline de l'autre. Staline précède Hitler, s'allie avec lui, le combat, le vainc et lui survit. Pendant une dizaine d'années, pour les Français, pour les Anglo-Saxons, pour le monde occidental, Hitler apparaît comme un danger plus redoutable que Staline. Tout au long d'une autre dizaine d'années, et un peu au-delà, on se demande si Hitler ne laissera pas le souvenir d'un assassin sanguinaire mais passager sous le règne à jamais triomphant de Staline. Au lendemain de l'effondrement de l'orgueilleux empire national-socialiste et pour de longues années, les adversaires du communisme mènent une bataille d'arrière-garde qui semble désespérée jusqu'à leurs propres yeux.

En automne 1989, la chute du Mur de Berlin constitue un coup de tonnerre que personne n'avait été capable de prévoir, qu'aucun rêveur n'aurait osé prédire. Devant le miracle de la ruine du système, Mstislav Rostropovitch joue du violoncelle pour célébrer l'événement. On dirait qu'une histoire souterraine, organique, secrète, est passée à l'action presque à l'insu des hommes.

Tout au long d'interminables années de terreur et de désespoir, de 1917 à 1989, en passant par 1933 et par les années sinistres de 1939 à 1945 où la croix gammée flottait sur toute l'Europe aux côtés du drapeau rouge ou luttait contre lui, en passant aussi par les abominations burlesques et les impostures de la révolution culturelle, des dizaines de millions d'hommes et de femmes, des propriétaires petits et grands, des monarchistes, des paysans, des médecins, des avocats, des militaires, des juifs, des communistes, des trotskistes, des chrétiens, des socialistes, des libéraux, des intellectuels, des tziganes, des homosexuels, des Allemands, des Russes, des Polonais, des Chinois, des Cambodgiens, des Tibétains sont tombés victimes d'un double totalitarisme qui voulait changer le monde et la condition des hommes.

la peste et le choléra

Aucun livre d'un peu de poids ne peut être écrit de nos jours sans qu'y passent les ombres sinistres de Hitler, de Staline, d'Auschwitz, du goulag, de la Révolution culturelle. Le drame des Français du milieu du XXe siècle est lié à Hitler et à Staline. Il s'est révélé impossible de ne pas choisir entre eux, entre la peste et le choléra. Détestant l'un et l'autre, j'ai choisi, parce qu'il le fallait, Staline contre Hitler. On raconte, je n'en sais rien, que Churchill lui-même, que j'admirais plus que personne, aurait connu des instants de doute : il se serait demandé s'il n'avait pas choisi de détruire « le mauvais cochon ». Il s'en est tenu, en tout cas, comme de Gaulle, avec une fermeté exemplaire, aux principes nécessaires qu'il avait adoptés. Non seulement avec mes camarades d'Henri-IV, mais entouré de ma famille, je déplaçais avec ivresse sur la carte de l'Europe les petits drapeaux de couleur qui marquaient la résistance, puis l'avancée de l'Armée rouge contre les troupes, longtemps triomphantes, du national-socialisme. D'autres, autour de moi, ont choisi sans hésiter, et parfois jusque sur les champs de bataille et sous l'uniforme allemand, Hitler contre Staline. Ils l'ont souvent payé de leur vie. Beaucoup, inversement, sont restés attachés à Staline – puis à Mao – au-delà de ce que permettaient la lucidité et la décence. Il est impossible de tromper tout le monde tout le temps. Staline et Hitler, les deux frères ennemis, l'histoire montrera combien ils étaient proches l'un de l'autre dans leur haine de Dieu et des hommes.

chacun voit Dieu à sa porte

Pour compliquer un peu les choses qui risquaient d'être trop simples, voilà que, vers le début du troisième millénaire, le paysage de la planète change radicalement. « L'état des nations sur la terre » est bouleversé de fond en comble. L'islam, dont personne, sauf quelques savants éminents du genre de Louis Massignon et peut-être Hollywood avec *Les Quatre Plumes blanches*, ne s'occupait plus depuis le siège de Vienne, l'indépendance de la Grèce et l'avènement d'Atatürk, remplace le marxisme dans le rôle de l'adversaire qui menace la vieille Europe et l'Amérique toute-puissante. Malraux pensait que le XXIe siècle serait religieux ou ne serait pas. Sa prédiction se vérifie avec éclat : peut-être en partie à cause de la naissance d'Israël, Dieu rentre dans le jeu avec le fondamentalisme islamique et les ultrareligieux américains – créationnistes et évangélistes.

245

Qu'ai-je donc fait

D'un côté le djihad – *Allah Akbar !* –, de l'autre la dénonciation de « l'axe du mal » – *In God we trust.*

L'absence de Dieu est un drame. Sa présence en est un autre, et presque aussi redoutable. L'idée que les hommes se font de Dieu n'est pas seulement une source d'aveuglement et d'intolérance : elle a fait couler beaucoup de sang, elle en fera couler encore beaucoup. Quand Dieu n'est plus là, les hommes se déchaînent : pour que le pire ne soit pas possible, on espère le retour de Dieu, on l'attend, on le réclame. Quand il est là, il étouffe les hommes et il les écrase : on cherche à se dégager de lui, on aspire à plus de lumières et à la liberté. Dieu ne change pas grand-chose au comportement des hommes. Avec lui et sans lui, ils sont également dignes d'estime et également atroces.

Le problème n'est pas Dieu. Le problème est le rapport des hommes avec Dieu. Au lieu de le servir, ils se servent plutôt de lui. Chacun voit Dieu à sa porte. Au moins à titre provisoire, il faut mettre Dieu entre parenthèses.

comment va le monde, môssieu ?

J'écris ces lignes dans les premières années du IIIe millénaire. Sept mille ans après l'invention de l'écriture. Cinq mille ans après les débuts de la civilisation égyptienne. Un peu plus de trois mille ans après la guerre de Troie, après Moïse, après Ramsès II. Deux mille cinq cents ans après le Bouddha, Confucius et Socrate. Deux mille ans tout ronds après Jésus. Un peu moins de mille cinq cents ans après le prophète Mahomet. Comment va le monde, môssieu ? La meilleure réponse, nous la savons : il tourne, môssieu. Comme d'habitude, môssieu.

La mode est de pousser de grands cris. Jamais le monde n'a tant changé ! À quelle époque vivons-nous ! Que de désastres nous attendent ! C'est une affaire entendue : le monde a plus changé en cent ans que dans les dix mille années précédentes. C'est une

Qu'ai-je donc fait

affaire entendue : les hommes ont remplacé Dieu qui a si longtemps veillé à tout et c'est un grand bouleversement. Cela dit, le temps coule comme il a toujours coulé. Pendant les travaux, les affaires continuent.

il n'y a plus de saisons

Les frontières craquent. Les sexes ne sont plus séparés. Les races se mêlent jusqu'à se confondre. Comment dites-vous ? Ah ! oui : nos valeurs disparaissent, nous avons perdu nos repères. Et il n'y a plus de saisons.

En baisse : la nation ; l'autorité ; la tradition ; la transmission ; les règles immuables ; le bon sens, devenu, par la force cachée des choses, parce que la Terre n'est pas plate, parce que l'espace est courbe, synonyme de stupidité ; le passé ; l'hérédité ; le mariage ; les rites ; l'orthographe ; la grammaire ; le latin et le grec ; la littérature française ; le point-virgule ; l'hiver ; peut-être les blonds ?

En hausse : la physique mathématique ; la biologie ; la santé ; l'âge moyen ; l'invention ; le jeu ; l'ironie ; la dérision ; le deuxième degré, le troisième,

Qu'ai-je donc fait

le quatrième ; la complexité ; les transports ; l'électronique ; la toile ; l'opinion publique ; une langue anglaise tombée au niveau le plus bas ; le chinois ; l'humanitaire ; l'universel ; l'été.

la démocratie l'emporte

C'est une bonne nouvelle. L'idée de démocratie a gagné. Plus peut-être que Hegel ou que Marx, plus peut-être que Nietzsche, plus que Freud, autant, et ce n'est pas peu dire, que Darwin et Einstein, le prophète de notre temps, c'est Tocqueville.

Qui aurait osé le soutenir il y a encore un demi-siècle ? Le national-socialisme et le communisme stalinien ont été des combats d'arrière-garde. L'abcès a été crevé. Au prix d'efforts gigantesques, l'espoir de démocratie l'a emporté partout.

Je doute, à vrai dire – *Passons passons puisque tout passe* – que la démocratie soit l'état définitif de l'histoire de l'humanité, mais elle est l'étape nécessaire de notre évolution. Difficile de s'opposer à elle. Reste à savoir quelles formes il lui arrivera de prendre. Des agents de désagrégation sont déjà à l'œuvre dans son sein. Et ses adversaires ne désarment pas.

Qu'ai-je donc fait

Le temps du grand nombre a sonné. Le peuple, en Occident, l'a emporté sur toutes les autres formes de pouvoir. Les masses de la Chine et de l'Inde – deux enfants sur trois sont chinois ou indiens – l'emporteront sur un Occident dont le poids relatif est en train de décroître. Dans le monde de demain, la France, l'Allemagne, l'Angleterre vont devenir des régions comparables à ce qu'étaient jadis l'Anjou, la Saxe, le pays de Galles. Leur seul avenir est l'Europe. Et l'Europe elle-même aura du mal à lutter contre les trois milliards de ressortissants de *Chindia*. Les enfants chinois et indiens, qui viennent de si bas, vivront mieux que leurs parents et que leurs grands-parents.

l'argent règne

L'argent n'a pas toujours existé, mais il existe depuis longtemps. Et il nous donne depuis longtemps des cauchemars de bonheur. « Votre lettre, écrit le prince de Ligne à Voltaire, m'a fait autant de plaisir qu'une lettre de change. Et ce n'est pas peu dire, car j'aime beaucoup l'argent. » « L'argent, s'écrie Dostoïevski, c'est la liberté monnayée. » Je n'aime pas l'argent mais je n'ai pas détesté en avoir. Je sais : on peut sourire. Je me moque aussi des honneurs. Et je ne les ai pas refusés.

L'argent est partout tout au long de l'histoire. Les puissants étaient riches. Les rois avaient des trésors. Les papes croulaient sous l'or. En Orient, c'était pire : l'empereur de Chine, le Grand Khan, les sultans et les califes, les maharajahs, les nizams détenaient des richesses fabuleuses. Les grands travaux, les Pyramides, le temple de Karnak, les jardins suspendus de Babylone, le mausolée d'Halicarnasse, l'Acropole, Saint-Pierre de Rome, le Taj Mahal, Versailles, les châteaux de Louis II de Bavière réclamaient des ressources. Des hommes d'abord, souvent sacrifiés ; et puis de l'or et de l'argent. Des Fugger aux Médicis, aux Samuel Bernard, aux Crozat – à qui, quelque temps, entre la Grande Mademoiselle et les Le Pelletier, appartint Saint-Fargeau –, des Torlonia et des Laffitte aux Rougon-Macquart et aux Rockefeller, en attendant les Warren Buffett, les Bill Gates, les Tata, les Mittal, les nouveaux riches de Russie et les émirats du Golfe, les grandes fortunes privées ont joué dans l'histoire un rôle considérable. Elles ont toujours été voyantes. Elles ont toujours été puissantes.

Aujourd'hui, alors que triomphe la démocratie, l'argent, sous la forme de l'économie, de l'industrie, du commerce de masse, des multinationales, des banques, des grands groupes financiers, est plus présent que jamais. De gauche comme de droite, la démocratie est très loin d'avoir chassé l'argent. Elle fait bon ménage avec lui. On pourrait soutenir que, sur la scène de l'histoire, les États, hier encore tout-puissants, ont perdu de leur poids et que l'argent a pris leur place. La politique, l'armée, la stratégie, la morale publique, tout cela a reculé. L'argent triomphe. Le sport règne sur notre temps : il est cerné par l'argent. L'art déplace les foules : c'est encore, et de plus en plus, de l'argent.

L'argent, hier, était, sinon une force de l'ombre, elle ne l'a jamais été, du moins un outil subalterne, un instrument au service du pouvoir. Tout, désormais, tourne autour de lui. Il est devenu le pouvoir

Céleste

En face de l'argent, qu'y a-t-il ? Il y a ceux qui n'en ont pas. Ils sont nombreux. L'Ancien Régime était fait d'ordres différents : il y avait le roi, la cour, la noblesse, l'Église, les bourgeois, les paysans, assez longtemps les serfs, plus tard le tiers état. On dirait que le monde moderne est fait d'argent et de pauvres. L'argent coule à flots : sur les palais des congrès, sur les aéroports, sur les avions, sur les trains à grande vitesse, sur les autoroutes et sur leurs échangeurs, sur les porte-avions et sur les sous-marins, sur les centrales nucléaires, sur les usines, sur les laboratoires, sur les hôpitaux qui manquent pourtant cruellement de ressources. Il ne coule pas sur les pauvres.

Ce qui est frappant, c'est l'opposition entre la pauvreté et une richesse qui n'est plus ni sacrée ni dissimulée. Elle n'est plus aux mains des prêtres, des empereurs, des rois, des princes dans leurs châteaux qui protégeaient des envahisseurs les paysans et les commerçants, des marchands qui faisaient fortune en secret sur toutes les mers du monde ou avec les épices. Elle n'est plus cachée derrière des murs ni même dans des coffres-forts. Elle est là, parmi nous, dans la vive lumière des médias et du net.

Les femmes, l'amour, les honneurs, l'ambition, un égoïsme effréné, trop souvent la vanité ont beaucoup occupé Chateaubriand. Mais il avait du génie. Il y a près de deux cents ans, dans ses *Mémoires d'outre-tombe*, il ne prédit pas seulement le monde industriel d'aujourd'hui, flanqué de ses deux enfants, les loisirs et le chômage : « Supposez les bras condamnés au repos en raison de la multiplication et de la variété des machines : que ferez-vous du genre humain désoccupé ? » Il voit aussi avec une clarté aveuglante la place prise de nos jours par l'argent triomphant :

« La trop grande disproportion des conditions et des fortunes a pu se supporter tant qu'elle a été cachée ; mais aussitôt que cette disproportion a été généralement aperçue, le coup mortel a été porté. Recomposez, si vous le pouvez, les fictions aristocratiques ; essayez de persuader au pauvre, lorsqu'il saura bien lire et ne croira plus, lorsqu'il possédera la même instruction que vous, essayez de le persuader qu'il doit se soumettre à toutes les privations, tandis que son voisin possède mille fois le superflu : pour dernière ressource, il vous le faudra tuer. »

Il n'y va pas de mainmorte. La guerre des classes est déjà là, dans toute sa violence. Chateaubriand communiste ? Chateaubriand trotskiste ? À peine Chateaubriand a-t-il condamné l'argent sous les

Nageur entre deux rives

espèces démesurées que nous lui connaissons aujourd'hui qu'un siècle avant Staline, vingt ans avant *Le Capital* de Karl Marx, le *Manifeste communiste* non encore publié, il nous offre, un peu lyrique mais prémonitoire, un tableau formidable de la société communiste :

« Maintenant, quelques mots plus sérieux sur l'égalité absolue : cette égalité ramènerait non seulement la servitude des corps, mais l'esclavage des âmes ; il ne s'agirait de rien de moins que de détruire l'inégalité morale et physique de l'individu. Notre volonté, mise en régie sous la surveillance de tous, verrait nos facultés tomber en désuétude. Car, ne vous y trompez pas : sans la propriété individuelle, nul n'est affranchi. La propriété commune ferait ressembler la société à un de ces monastères à la porte duquel des économes distribuaient du pain. La propriété héréditaire et inviolable est notre unique défense personnelle ; la propriété n'est autre chose que la liberté. L'égalité complète, qui présuppose la soumission complète, reproduirait la plus dure servitude ; elle ferait de l'individu humain une bête de somme, soumise à l'action qui la contraindrait, et obligée de marcher sans fin dans le même sentier. »

Sur les riches et les pauvres, nous avons écouté Chateaubriand. Le dernier mot sur ce sujet pourrait être laissé à sa femme, Céleste, dont la vie aux côtés du génie a été difficile. Mme de Boigne ne l'aimait pas : « Elle a beaucoup d'esprit, mais elle l'emploie à extraire de tout de l'aigre et de l'amer. » Peut-être parce que Mme de Chateaubriand, déjà âgée, lui avait vendu trop cher, dans une fête de charité, quand il était encore très jeune, une boîte de chocolats, Victor Hugo la détestait : « Mme de Chateaubriand était fort bonne, ce qui ne l'empêchait pas d'être fort méchante. Elle avait la bonté officielle, ce qui ne fait aucun tort à la méchanceté domestique. Elle visitait les pauvres, surveillait les crèches, présidait les bureaux de charité, secourait les malades, donnait et priait et, en même temps, elle rudoyait son mari, ses parents, ses amis, ses gens, était aigrie et dure, prude, médisante, amère. Le bon Dieu pèsera tout cela là-haut. »

Oui, oui, bien sûr. C'est Dieu, et Dieu seul, qui pourra peser tout cela. Mais on finit par se demander s'il y a vraiment quelque chose qui ressemble à des défauts, à des qualités, à une façon d'être et à un caractère en dehors d'une situation et si les mesquineries et les vertus de Mme de Chateaubriand, perdue parmi les *Madames*, ne seraient pas à mettre, par contrecoup, au compte de son irrésistible et insupportable mari.

Pardonnez-moi. Je m'égare. Je voulais seulement rappeler, à propos des pauvres, une réflexion de Céleste de Chateaubriand : « J'entends toujours parler de l'insolence du peuple, mais je ne suis frappée que de sa patience. »

la gloire de Dieu est passée dans les puces

À Saint-Fargeau, il y a trois quarts de siècle, plus que le langage et les manières de table, ce qui comptait, c'était la religion. Ce qui a remplacé la religion, dans le rôle de bruit de fond permanent, de préoccupation de tous les instants, de première pensée et de dernier recours, c'est la science.

Ce chapitre doit être très court parce qu'il devrait être trop long. Il n'en finirait pas. Nous vivons dans un monde dominé par la science, envahi par la technique. La place tenue hier par Dieu auprès de ma grand-mère est occupée aujourd'hui par la science. Tout ce qu'elle peut faire, elle le fera.

Tout autour de nous, bientôt à l'intérieur de chacun d'entre nous, nous voilà bardés de capteurs, de codes, de signaux, d'écrans, de machines qui clignotent, de boutons, de réseaux, de mécanismes de toute sorte,

Qu'ai-je donc fait

d'une batterie d'inventions de plus en plus foudroyantes et de plus en plus minuscules qui n'en finissent jamais de croître et de multiplier. Dieu recule. La science triomphe. La gloire de Dieu est passée dans les puces.

III

Sur les genoux des dieux

à quoi bon ?

J'ai passé mon temps à me demander ce que je faisais dans ce monde où j'ai été jeté, sinon par hasard, je n'en sais rien, du moins sans avoir été consulté. Deux sentiments opposés que j'éprouvais l'un et l'autre avec force me tiraient à hue et à dia : j'aimais ce monde à la folie ; et il m'était étranger – et trop souvent hostile.

J'aimais la vie. J'ai eu de la chance : je m'y sentais comme chez moi. Je grimpais sur les montagnes, je descendais les fleuves, je me baignais dans la mer. Les mots faisaient mon bonheur. Je raffolais du miel, des spaghetti, des œufs sous toutes les formes, des épis de maïs qu'on vendait dans les rues, de l'odeur des pins et de l'amande amère. Les oliviers, les cyprès, les longues rangées de vigne me faisaient tourner la tête. Je n'étais tourmenté ni par la goutte, ni par l'envie, ni par la vanité. Je me sentais plutôt bien et le moindre geste, la moindre parole, un sourire, un regard suffisaient à me faire courir jusqu'au bout de la Terre.

Mais il y avait cette chanson. Ce refrain. Cette musique derrière la tête. *À quoi bon ?* À quoi bon me jeter à la poursuite des choses et des êtres ? À quoi bon m'agiter ? À quoi bon vivre ? Peut-être la grâce du monde était-elle rongée en moi par quelque chose d'obscur qui relevait de la paresse ? De toutes les merveilles qui m'étaient offertes dans le monde et par la vie, celle que je mettais au-dessus de tout, c'était le sommeil. J'aimais dormir. Je m'en allais. Je partais en silence pour des rivages insensés. Je dormais et souvent je rêvais. Sauf à l'époque où C était sortie de ma vie, j'avais peu de cauchemars. Mes rêves étaient délicieux et l'emportaient de loin sur cet amoncellement de hasards et de corvées que vous appelez réalité. À quoi bon vivre ?

Ce n'étaient pas seulement les obligations, les ennuis, les difficultés de la vie de chaque jour que je fuyais dans le sommeil. C'étaient aussi les pique-niques, les fêtes, les réjouissances, les réunions de famille et d'amis, les rencontres d'écrivains, les voyages culturels, parfois même, je baisse la voix, je baisse la tête, les rendez-vous le soir avec des personnes qui me faisaient envie, tout ce qu'il m'arrivait d'attendre avec impatience et qui, plus souvent que de raison, m'ennuyait à mourir. Vouloir ce qu'on méprise est une horrible passion. La mienne ne valait guère mieux : ce qui me plaisait m'ennuyait. Je me répétais avec une gaieté amère le mot foudroyant de Talleyrand : « La vie serait supportable sans les plaisirs. »

J'aimais la vie. Et elle me semblait inutile jusqu'à l'absurdité.

un trou noir

D'où venait ce recul devant les séductions de la vie ? Du foie, peut-être ? Ou des nerfs ? Mon père avait souffert des nerfs dans ses années de jeunesse. Moi pas. Le sang Anisson ne trimbalait pas beaucoup de fragilités psychologiques. Je n'avais pas non plus de ces migraines qui jetaient dans son lit, toutes lumières éteintes, le téléphone coupé, tous les volets fermés, mon oncle Wladimir. Je n'avais pas mal à la tête. Je n'étais pas victime de l'asthme qui s'acharnait sur Marcel Proust. Je n'étais pas mélancolique à la façon d'Ovide sur les bords de la mer Noire. Je n'étais pas guetté – hélas ! – par la folie du Tasse ou de Jean-Jacques Rousseau. Puisque l'âme est liée au corps, quelque chose devait pourtant se passer dans mes neurones et mes synapses pour me rendre soudain si étrangère cette vie qui, quelques instants plus tôt ou plus tard, m'était toujours si chère.

Il m'arrivait d'être emporté par une vague de

bonheur. L'exaltation me prenait. Je voyais des choses dans le ciel, je sentais une force bouillonner dans mes veines. L'avenir, déjà presque écrit, s'étendait devant moi sous les couleurs les plus vives. Le monde m'était amical. J'allais faire de grandes choses, j'allais écrire des chefs-d'œuvre. J'étais capable de tout. Et soudain, d'un seul coup, un trou noir m'aspirait qui ressemblait au néant. Une trappe s'ouvrait sous mes pas, le temps se vidait de son charme et l'ennui s'étendait sur les plaines et sur les marécages. J'étais cyclothymique. Tantôt je grimpais jusqu'aux étoiles, tantôt je tombais dans des abîmes où régnait un froid mortel. Goethe l'avait dit mieux que moi :

Himmelhoch jauchzend, zum Tode betrübt.

Que faisais-je donc là à sauter d'un pied sur l'autre ?

le pommier est dans le pré

De temps en temps, je me demandais si je ne m'occupais pas trop de ma modeste personne. Les roses et les épines n'étaient pas seulement en moi : elles étaient aussi hors de moi. L'idée m'est venue un jour de regarder au-dehors. Dans le pré, près du ruisseau, j'ai aperçu un pommier.

Je veux bien croire que le pommier était dans mon regard et qu'il était dans mon esprit. Mais il m'a semblé avec évidence qu'il était d'abord dans le pré. Avant même d'être vu par moi, avant même d'être vu par vous, le pommier était dans le pré. Rien n'est jamais tout à fait sûr, mais il était très probable qu'il y avait un univers autour de nous et que le pommier en faisait partie au même titre que moi.

Il y avait une différence, et de taille, entre le pommier et moi. Je n'appartenais pas au pommier. Parce que je pouvais le voir, le toucher, le sentir, le penser surtout, et en parler, le pommier m'appartenait. Lui, c'était un pommier. Et moi, j'étais un homme. Et, ah ! ah ! j'étais aussi ce que vous appelez une conscience. La conscience n'était pas dans mon pommier. Le pommier était dans ma conscience. Mais le pommier et moi et tous les autres, nous appartenions en bloc à la vie et au monde.

tiens ! il y a un monde

    Voilà. C'est tout simple. Vous et moi, nous sommes des hommes – terme générique, bien sûr, et qui embrasse les femmes : car un homme sur deux est une femme et toutes les femmes sont des hommes. Nous pensons le monde et nous lui appartenons. Ou plutôt, un peu mieux, nous appartenons à un monde que nous sommes capables de penser. Tiens ! il y a un monde. Et nous sommes en mesure d'en parler.

d'où venons-nous ?

S'il y a un monde autour de nous, la première question qui se pose est celle des origines. Savoir véritablement, c'est savoir par les causes. Au-delà de mon père et de ma mère, au-delà de nos grands-parents, d'où venons-nous ?

À cette question si simple, rendue si difficile par le temps écoulé, ni Platon, ni Aristote, ni Montaigne, ni Pascal, ni les Juifs, ni les Arabes, ni les Chinois ou les Indiens n'étaient capables de répondre. Nous le savons, nous, d'où nous venons, ou nous croyons le savoir. L'histoire se développe à la façon d'un fruit. Et le savoir fait son chemin. Plus nous nous éloignons des origines, plus nous en savons sur ses mystères. Comme les tortues, comme les éponges, comme les amibes et les étoiles, nous sortons du big bang.

le presque et le comme si

Le big bang, aujourd'hui, tout le monde y croit. Ou presque tout le monde. Un astrophysicien comme Fred Hoyle, et pas mal d'autres après lui, n'y ont pas cru du tout. C'est Fred Hoyle, d'ailleurs, qui a inventé le mot de big bang pour se moquer de la chose à laquelle il ne croyait pas.

Le big bang est probable, très probable, presque sûr. Mais pas tout à fait sûr. Il n'est pas impossible, par exemple, personne n'en sait rien, que d'innombrables univers se succèdent sans fin les uns aux autres et que nous soyons l'un d'entre eux. Il n'est pas impossible non plus, mais il n'est pas vérifié, qu'une théorie nouvelle, la théorie dite des cordes, parvienne à concilier la relativité généralisée et la théorie quantique, jusqu'ici inconciliables, et vienne bouleverser tout ce que nous croyons. Il va falloir nous y faire. Promenons-nous dans le possible et dans le vraisemblable. Dans le *presque*. Dans le *comme si*.

une drôle d'histoire

Hier encore, personne ne savait très bien si le big bang s'était produit il y a douze milliards d'années, ou treize, ou peut-être quinze. Aux dernières nouvelles, qui sont peut-être déjà dépassées : treize milliards sept cents millions d'années.

Cette histoire du big bang, avec sa pointe d'épingle infiniment minuscule, sa température et sa densité infiniment élevées, je l'ai racontée vaille que vaille dans un petit livre qui s'appelait *La Création du monde*. L'important n'est pas mon livre. Ni même tout ce que de plus savants que moi peuvent raconter de la formidable histoire de l'univers. L'important, c'est qu'il y a une histoire. Contrairement à ce qu'imaginaient dans le passé beaucoup de grands esprits, le monde n'est pas immobile. Il semble qu'il ne soit pas éternel. Il est immense, mais il n'est pas infini. Il a un début dont les premiers millièmes de seconde nous restent obscurs parce qu'il s'agit d'une « singularité » qui échappe à nos lois.

De la pointe d'épingle si chaude, si dense et si infiniment minuscule jusqu'à nous, un autre astronome, du nom de Hubble, a montré que l'univers n'a jamais cessé de croître et de se développer. L'univers n'a pas seulement une histoire, il est en expansion. Il occupe un espace de plus en plus étendu dont il est toujours en train de repousser les limites. Les galaxies n'en finissent pas de s'éloigner les unes des autres. Et de plus en plus vite.

Parmi ceux qui savent, mais qui sont loin de tout savoir, les uns pensent que l'expansion va se poursuivre jusqu'au bout, jusqu'à une apocalypse glaciale, les autres pensent que l'expansion a des chances de se renverser en contraction et qu'au *big bang* des origines succédera un beau jour – « un beau jour » : la formule n'est pas heureuse pour une catastrophe sans nom – le *big crunch* brûlant de la fin.

Toujours aux dernières nouvelles, qui courent le risque d'être caduques dès demain, le camp de ceux qui croient à la poursuite de l'expansion semble l'emporter sur le camp des partisans du big crunch. D'une façon ou d'une autre, notre univers aura une fin comme il a eu un début.

la fin du Soleil est pour demain

Pour cette petite planète loin de tout que nous appelons la Terre, pour notre Soleil si brillant, pour notre délicieuse Lune –

Lune, quel esprit sombre
Promène au bout d'un fil,
Dans l'ombre,
Ta face et ton profil ?...

Lune, en notre mémoire,
De tes belles amours
L'histoire
T'embellira toujours...

T'aimera le vieux pâtre,
Seul, tandis qu'à ton front
D'albâtre
Ses dogues aboieront.

Qu'ai-je donc fait

T'aimera le pilote
Dans son grand bâtiment
Qui flotte
Sous le clair firmament !

Et la fillette preste
Qui passe le buisson,
Pied leste,
En chantant sa chanson..

– les choses iront beaucoup plus vite. La fin du Soleil est pour demain. Ou pour après-demain.

Né il y a quatre milliards et demi ou peut-être cinq milliards d'années, le Soleil est à peu près exactement au milieu de sa carrière. Il en a encore pour cinq milliards d'années avant de sortir de l'histoire. Et la Terre avec lui, selon toute vraisemblance, si elle n'a pas sauté avant.

presque rien, mais presque tout

Ce que seront devenus les hommes, ou leurs descendants s'il en reste, quand notre Terre dépérira par absence de lumière, personne ne peut le deviner. Peut-être seront-ils partis ailleurs, vers des planètes lointaines ou vers d'autres galaxies ? Peut-être seront-ils des monstres, des géants, des créatures volantes ou rampantes ? Peut-être seront-ils retournés à l'état de particules ? Peut-être se seront-ils changés en machines ? Ou peut-être en purs esprits ? Peut-être auront-ils réussi à lancer dans l'espace un Soleil artificiel ? Ou peut-être, et c'est le plus probable, ne seront-ils plus depuis longtemps qu'un souvenir évanoui ? Mais un souvenir pour qui ? Qui d'autre que les hommes ou les fils des hommes pourrait se souvenir des hommes ? Qui le sait ? L'avenir, pour parler comme Homère, est sur les genoux des dieux.

Même réchauffée par le Soleil, quelle chance ! c'est un bonheur pour moi, et éclairée par lui, c'est

Qu'ai-je donc fait

une bénédiction, la Terre n'est presque rien au regard de l'univers. Ou plutôt rien du tout. Et les hommes, moins que rien. Beaucoup moins que des fourmis. Beaucoup moins qu'une goutte d'eau. Beaucoup moins qu'un grain de sable. Mais aussi beaucoup plus. Et peut-être presque tout. Parce qu'ils sont les seuls – après Dieu, s'il existe – à se penser eux-mêmes et à penser l'univers.

penser le tout

Qu'ai-je donc fait ? Pas grand-chose. Fourmi d'humeur égale et plutôt portée à l'insouciance, j'ai joué aux dames, aux échecs, à la belote, au croquet, je suis allé déjeuner dans des restaurants thaïlandais, j'ai un peu lu Oscar Wilde, et Toulet, et les *Jeeves* de Wodehouse qui m'ont fait beaucoup rire, j'ai traversé au printemps des villages minuscules qui sortaient à peine de la neige, j'ai fait pas mal de bêtises et j'en ai écrit quelques-unes. De temps en temps, je m'asseyais pour penser. Mais le plus souvent je m'asseyais seulement. Assis ou debout, il m'est même arrivé de penser quelques instants au monde qui m'entourait.

Les chats, les chiens, les phoques, les dauphins, les éléphants bien sûr, on m'assure les rats et les scorpions, ah ! les fourmis aussi, et les abeilles et les oies sauvages chères à Karl von Frisch et à Konrad Lorenz, je suis tout disposé à m'émerveiller de leur intelligence. Il paraît qu'ils savent compter, qu'ils s'organisent entre eux, qu'ils sont capables de retrouver leur chemin et de l'indiquer aux autres. Je ne sais plus qui m'a juré avoir vu, de ses yeux vu, un chat monter dans un tramway et en descendre plusieurs stations plus loin pour rentrer chez son maître. Ah ! bravo ! très bien. Mais pour doués qu'ils soient, je doute qu'un chien, un rat, une oie sauvage, une abeille aient jamais pensé à l'origine et au sens de l'univers autour d'eux. Ce sont les hommes qui pensent le tout.

le vertige du monde

J'étais un homme. Je pensais le tout. Avec un peu de distraction et de désinvolture. Mais aussi avec une espèce d'angoisse que je dissimulais avec soin sous les apparences de la sérénité. J'avais le vertige du monde.

Je ne passais pas mon temps à contempler les étoiles, à m'interroger sur nos origines ou sur nos fins dernières, à me renseigner sur les galaxies qui peuplent notre univers, à m'étonner des pommiers, à méditer sur l'être, sur sa puissance, sur sa splendeur et sa gloire. La méditation n'était pas mon fort. Je me posais peu de questions, je ne croyais pas à grand-chose, je vivais volontiers à la va-comme-je-te-pousse, le nez en l'air dans mon coin, à l'ombre d'un pin ou d'un tilleul, et dans l'instant présent qui me comblait de bonheurs. Je n'affectais pas des airs graves, je ne me montais pas le bourrichon, je m'amusais de peu et de presque tout, je riais de moi et des autres. Je cultivais l'ironie, l'indifférence, la légèreté. Mais ma fragilité m'accablait.

Je me voyais immense et si proche du néant qu'il m'arrivait de me demander s'il n'aurait pas mieux valu en finir une fois pour toutes au lieu de me traîner avec gaieté, sur un chemin pavé de tant de hasards et de crimes, vers ma mort annoncée. Je me voyais nécessaire et tout à fait inutile, capable de tout et perdu. La plupart du temps, j'étais allègre, ravi jusqu'à l'hébétude, benêt parmi les benêts. Je me répétais avec délice les mots de Montesquieu qui me servaient de devise : « Je m'éveille le matin avec une joie secrète, je vois la lumière avec une espèce de ravissement. Tout le reste du jour, je suis content. » Et plus j'étais heureux, plus je me sentais menacé par la beauté du monde et par l'histoire cruelle des hommes.

Le malaise dont je parlais tout à l'heure, non, décidément, je ne le mettais pas sur le compte de mes nerfs, de mon foie, de la machine d'un corps qui fonctionnait vaille que vaille. Il me semblait venir du fond des âges et d'un espace sans bornes. Il me venait du monde autour de moi.

*pourquoi y a-t-il quelque chose
au lieu de rien ?*

Je me promenais dans ce monde auquel j'appartenais, et je me demandais ce que j'y faisais. J'aimais à la folie le soleil sur la mer, les îles grecques, les temples couleur de miel au sommet des collines, la côte turque entre Fethiye et Kekova avec ses arbres qui dégringolent le long des hautes montagnes, les forêts d'oliviers et les vignes en terrasse, les villes à portiques et à arcades et toujours sans trottoirs un peu partout en Italie, les fontaines sur les places bordées de palais ocre et au pied des escaliers encombrés de statues, de petites choses et de très grandes, les déserts, les crayons, le moment presque hors d'atteinte où le sommeil me gagnait, le songe de Constantin à Arezzo et celui de sainte Ursule à l'Accademia de Venise, les cantates de Bach, quelques poèmes d'Aragon, presque tout de Mozart et d'abord l'andante de son concerto 21 qui me

Qu'ai-je donc fait

mettait hors de moi et me désespérait, les départs, les soirs d'été, le passage sur l'amour-propre dans les *Maximes* de La Rochefoucauld, celui sur les lettres d'amour dans la *Vie de Rancé*, l'arrivée dans un port inconnu après une traversée, et mes bonheurs m'épouvantaient. Je m'arrêtais tout à coup. Pourquoi y a-t-il quelque chose au lieu de rien ?

la marche du temps

Mieux aurait valu rien. Quand le bonheur m'étouffait, je me désolais d'être né. Il y avait quelque chose, surtout, qui ne cessait jamais de nourrir mon vertige et qui me jetait à chaque instant et jusqu'au cœur du plaisir dans un chagrin qui n'en finissait pas : c'était la marche du temps.

le temps s'en va, ma Dame

Des physiciens assurent que le temps est réversible. D'autres vont jusqu'à soutenir que le temps n'existe pas. Je suis tout prêt à les croire. Pour nous au moins, tout se passe pourtant comme s'il fallait laisser au sucre le temps de fondre dans notre thé, comme si une flèche du temps courait à sens unique de ma naissance à ma mort, de ma mère jusqu'à moi, de nos grands-parents jusqu'à nos enfants et aux enfants de nos enfants, du big bang jusqu'à l'épuisement de l'énergie du Soleil.

Eheu fugaces, Postume, Postume,
labuntur anni...

ou :

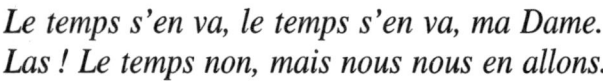

Le temps s'en va, le temps s'en va, ma Dame.
Las ! Le temps non, mais nous nous en allons.

Sur les genoux des dieux

Ah ! oui, c'est vrai : nous nous en allons. Et nous ne savons pas vers quoi nous pouvons bien nous en aller. Et le temps s'en va aussi. Il nous emporte et il nous fait souffrir.

tout est perdu et je ris

Plusieurs femmes m'ont fait souffrir. En 1933 avec l'arrivée de Hitler au pouvoir, en 1938 avec la honte de Munich, de 1940 à 1944, tout au long du règne de Staline et de Mao Tsé-toung, au Cambodge avec les Khmers rouges, au Rwanda, ailleurs encore, et plus tôt ou plus tard, l'histoire m'a fait souffrir. Mon corps, assez peu, et dans des limites acceptables : je ne me plains pas. Ce qui m'a surtout tourmenté, c'est d'avoir été jeté dans le temps.

J'ai souffert du temps comme d'un échec ou d'une défaite, comme d'un mal inguérissable, comme d'un chagrin d'amour. Vieillir m'était indifférent. L'idée de la mort me rassurait plutôt. Le temps m'épouvantait. Je me souviens de l'émotion que m'avait causée la lecture du livre XI des *Confessions* de saint Augustin où les mécanismes du temps sont, pour la première fois, démontés avec génie. De ce jour-là, j'ai compris que j'étais prisonnier d'un système dont il m'était impossible de sortir et qu'il m'était interdit de comprendre.

Parce qu'elle se déroulait dans un temps qui était pour les hommes ce que l'eau est pour les poissons, la vie était un secret, un mystère, un jeu d'enfer dont nous ne connaissions ni la règle ni la clé. Le monde me devenait hostile. Tout tombait dans des abîmes. Je me ruais vers une fin imposée par le temps. Dans cette catastrophe sans existence et pourtant si réelle, absente et universelle, immobile et en mouvement, que pouvais-je espérer ? Je serrais les dents. Puisque j'étais emporté dans un torrent contre quoi je ne pouvais rien, il me restait de rire de tout. J'avais le désespoir très gai. Plus gai encore que celui de Cioran – « Chacun s'accroche comme il peut à sa mauvaise étoile » ou « Seule l'idée du suicide pourrait nous aider à supporter la vie » ou encore « Nous sommes tous des farceurs : nous survivons à nos problèmes » – que je lisais et écoutais avec admiration. Tout passait dans ce monde. Tout, absolument tout, y compris cet espace qui n'en finissait pas de bouger et de s'étendre dans tous les sens. Seul le temps ne passait pas. Il passait, bien sûr – mais il durait. Mon Dieu ! Il régnait partout dans l'univers, toujours semblable à lui-même. Et il nous emmenait vers notre fin. Tout était perdu sans recours. Je riais.

portrait du temps en Shiva tricéphale

L'univers n'est rien d'autre que du temps ajouté au big bang. Père et maître des dieux, semblable à Kronos qui mange ses enfants, à Poséidon dans son rôle d'ébranleur de la terre, à la fois à Vishnou et à Shiva parce qu'à eux deux ils conservent et abattent, le temps construit et détruit. Comment s'y prend-il pour tricoter le monde et le détricoter ?

À la façon du Shiva tricéphale d'Elephanta que Malraux admirait tant – « Seule tête, peut-être, digne de s'appeler Inde... » –, le temps a trois visages, trois formes, trois modes d'emploi qui n'en font qu'un, trois hypostases très familières : le passé, le présent et l'avenir. Le passé, qui s'éloigne à grands pas et qui finit par disparaître dans les brumes du lointain, est dans notre mémoire et dans notre imagination ; entouré de mystère, l'avenir n'est nulle part avant de nous tomber dessus ; par un mystère plus grand encore malgré sa familiarité, le présent est toujours là

Sur les genoux des dieux

et pourtant toujours sur le point de s'en aller. Le passé est évanoui, l'avenir est absent et caché, le présent a quelque chose à la fois de fugace et de quasi éternel.

L'avenir est porteur de toutes nos craintes et de toutes nos espérances. Le passé n'est fait que de souvenirs. Toujours et à chaque instant, la totalité de l'univers, y compris le passé et l'avenir, ne cesse jamais d'être installée dans le présent.

une usine à créer du passé

Au début, au big bang, à la naissance de chacun d'entre nous, il n'y a pas de passé : il n'y a que de l'avenir. Comme celle des hommes, l'histoire de l'univers commence avec de l'avenir. « La première catégorie de la conscience historique, ce n'est pas le souvenir ; c'est l'annonce, l'attente, la promesse. » Ce qui nous accable dans la mort de tout enfant, c'est que la promesse n'est pas tenue et que l'avenir annoncé se change en passé avant même d'avoir pu se développer en présent. À la fin de notre vie à tous, au terme de l'univers, à la mort, il n'y aura plus d'avenir : il n'y aura plus que du passé.

L'avenir enthousiasme et il fait peur. Il est incertain et puissant. Figé, comme empaillé, le passé semble vieillot et tout à fait inoffensif. Le triomphateur de l'histoire, pourtant, le vainqueur du monde, en fin de compte, ce sera le passé. L'avenir s'épuisera. Le passé occupera toute la place laissée vacante par l'avenir et par le présent.

Entendez-vous la petite chanson du tout, la terrible musique du temps ? Le monde n'était qu'avenir. Il ne sera que passé. Les hommes n'étaient que promesse. Ils ne seront que souvenir. Un jour, pour chacun de nous, un jour, pour le Soleil et la Terre, un jour, pour l'univers, tout ne sera plus que passé.

La vie et, au-delà de la vie, l'univers sont des machines à transformer l'avenir en passé.

le monde est un paradoxe

L'avenir ne se transforme pas directement en passé : il passe par le présent. Le présent est un sas, une écluse, un seuil, un passage obligé. À chaque instant, une fraction infinitésimale de l'avenir se change en présent. Et, à chaque instant, une fraction infinitésimale du présent se change en passé. Le présent, à première vue, est une fraction infinitésimale entre ces deux fractions infinitésimales. Toujours en train d'apparaître, toujours en train de disparaître, le présent occupe une place minuscule entre l'avenir et le passé.

Il faut aller un peu plus loin. Il n'est pas exclu que la fraction infinitésimale d'avenir qui se change en présent soit la même que la fraction infinitésimale de présent qui se change en passé. Entre l'avenir et le passé, le présent n'occuperait alors plus aucune place.

Nous voilà au cœur de ce système de l'univers où le présent n'en finit pas d'occuper toute la place et n'en occupe jamais aucune. Il n'est pas très surprenant que la forme sphérique de la Terre avec tant de créatures la tête en bas et la pluie aux antipodes qui tomberait à contresens, son obstination à tourner autour d'un Soleil qui semble tourner autour de nous, la relativité restreinte et la relativité généralisée avec leurs billes qui tombent, leurs trains qui se croisent, leur jumeau revenu plus jeune que son frère de son voyage dans l'espace, la théorie quantique de la matière où triomphe l'imprévisible, la mécanique ondulatoire, les premières fractions de seconde du big bang, l'expansion accélérée d'un univers en train de créer son propre espace, l'incertitude de l'infiniment petit et la théorie des cordes dont peu des personnes à travers le monde sont capables de parler apparaissent tour à tour comme une série de paradoxes. Le monde est un paradoxe.

une machine infernale

Le monde est un paradoxe. Pour qui ? Pour les hommes qui font partie de ce monde. Rien n'est plus difficile que de comprendre un système auquel on appartient et dont il est impossible de s'échapper. Il est très probable que, comme la mort et l'éternité, l'univers est très simple. Pour les créatures qui l'habitent et le pensent et que nous appelons les hommes, il est un paradoxe et il est un mystère. Parce que nous sommes plongés dans le temps qui est une machine infernale.

me revoilà

Tout au long de milliards d'années, le temps façonne lentement l'univers. Il annonce, il promet, il prépare, il fabrique. Il annonce quoi ? Il promet quoi ? Il prépare quoi ? Il fabrique quoi ? Essentiellement, deux choses : le tout d'abord ; et puis moi. C'est-à-dire vous.

Me revoilà. Qu'ai-je donc fait ? Pour le meilleur et pour le pire, je suis entré dans le temps. À l'extrême fin d'un printemps de la première moitié du XXe siècle d'après le calendrier de Jules César réformé par Grégoire XIII en 1582, au cœur d'une ville appelée Paris qui avait déjà une longue histoire, et très brève, de quelque deux mille ans, d'un père diplomate et d'une mère aux yeux bleus, je suis entré dans le temps par le biais de la vie pour me demander ce que j'y faisais.

l'œuvre de Dieu est une œuvre de chair

Dans cette généalogie universelle qui conduit jusqu'à nous, le temps, à la tête d'une descendance innombrable puisque tout sort de lui et de son union avec le big bang, a un enfant bien-aimé : c'est la vie. Et la vie elle-même a un enfant très doué : c'est le sexe.

Il y a beaucoup de façons d'entrer dans le temps. Le sexe est une voie privilégiée : depuis quelques millions d'années et pour quelque temps encore, c'est la solution utilisée par les enfants des hommes. Longtemps, l'univers a ignoré le sexe. Il fonctionnait très bien avec des méthodes où le sexe n'avait pas le moindre rôle. Le désir, ou une certaine espèce de désir, animait peut-être déjà, sous le masque de l'énergie, les gaz, les particules, les objets célestes dont nous sommes la poussière. Le sexe entre dans l'histoire bien après la vie, mais avant la pensée, le rire, la parole et le mal. C'est une sacrée révolution.

Sur les genoux des dieux

Nous nous reproduisons par le sexe sous forme d'individus. Cette notion d'individu nous est aussi familière que le temps lui-même – et elle est aussi stupéfiante. Pour nous, pour les primates que nous sommes, pour les algues et pour les amibes dont nous descendons aussi sûrement, n'en déplaise aux créationnistes et aux télé-évangélistes, que je descends de mon père et de ma mère et de mes grands-parents, l'évolution est articulée en individus et en générations. La diversité se glisse dans la continuité. Je suis mon père et ma mère, qui étaient eux-mêmes leurs parents et leurs arrière-grands-parents, et je suis différent d'eux comme ils étaient eux-mêmes différents de leur prédécesseurs. Sur ce système du même et de l'autre, le sexe, qui est une sorte de création continue et quantique, règne en maître absolu. Il assure, au sein de la vie, une double fonction de conservation et de changement. Grâce à lui, sous forme de générations successives, la vie passe et elle dure. Le temps, sous les habits de la vie, a pris la forme du sexe.

Le monde n'est fait que d'enfants. La première tâche de la vie, sinon la seule, est de se reproduire. S'il n'y avait pas de sexe, il n'y aurait plus d'hommes. Chaque enfant est un big bang à notre modeste mesure. Pour arriver jusqu'à moi et à ces mots que j'écris, Dieu, la création, le temps se sont changés en sexe. Quand il s'agit de nous, de notre histoire, de notre pensée et de notre art, l'œuvre de Dieu est une œuvre de chair.

éloge du sexe

Le sexe tient une place assez mince dans mes livres. Qu'ai-je donc fait ? En littérature, je crains que le sexe ne soit une espèce de fausse fête et de facilité. Il attire le public, il ne déplaît pas aux lecteurs. Quand nous ouvrons un livre – et je ne fais pas exception –, nous nous jetons volontiers sur les pages qui nous montrent du sexe. Rien ne vieillit pourtant plus vite, rien ne tombe aussi aisément dans le ridicule et l'insignifiant que les descriptions qui tournent autour du sexe.

Il y a, bien entendu, des livres érotiques qui résistent au passage du temps. Chacun pourrait en citer. Catulle, Martial, Rabelais, La Fontaine avec ses *Contes*, une foule d'auteurs libertins à travers les siècles, et surtout au XVIIIe, Sade, évidemment, Balzac avec ses *Contes drolatiques*, Pierre Louÿs avec *Trois filles de leur mère* et son délicieux *Manuel de civilité pour les petites filles à l'usage des maisons d'éducation,* Apollinaire avec ses *Onze Mille Verges,* D. H. Lawrence avec *L'Amant de lady Chatterley* ont écrit des chefs-d'œuvre. Ils ont exigé au moins autant de talent, et parfois de génie, que les descriptions de paysages, de sentiments ou de mœurs. À défaut de ces conditions que l'audace ne suffit pas à remplir, le sexe est trop souvent un alibi de la médiocrité littéraire et un appât pour gogos. En matière de sexe comme en matière de culture, on soutiendrait volontiers que l'art réclame encore autre chose que l'accumulation. Et, en tout cas, du talent.

Mais que le désir et le sexe soient au cœur de l'histoire des hommes, quoi de plus évident ?

un mur biblique

J'ai un peu de mal, je l'avoue, à me représenter la scène primitive à laquelle je dois mon entrée dans le temps. Il y a un mur psychologique et biblique qui cache ma propre origine comme il y a un mur physique et cosmique – le fameux mur de Planck – qui interdit l'accès aux premiers millièmes de seconde de l'univers. Non seulement toutes les généalogies, mais toute l'histoire des hommes n'en répandent pas moins le parfum délicieux de l'acte d'amour entre les créatures. Jusqu'à plus ample informé, notre Terre est le seul lieu de l'immense univers où il y a des êtres qui pensent et qui font l'amour. Il leur arrive de se livrer à d'autres occupations : manger, boire, dormir, faire la guerre, collectionner les honneurs, les timbres, les papillons. Mais l'essentiel est dans leur sexe et dans leur cerveau qui n'en font d'ailleurs qu'un.

Qu'ai-je donc fait ? Oui, bien sûr, j'ai skié, j'ai nagé, j'ai lu des livres et j'en ai écrit, j'ai écouté un

Sur les genoux des dieux

peu de musique, j'ai regardé des paysages, des monuments, des pommes, des crucifixions, j'ai parlé et je me suis tu, j'ai fait le beau et le malin, mais, surtout, comme tout le monde, comme mes parents et mes grands-parents et les autres derrière eux jusqu'à la nuit des temps, j'ai fait l'amour avec des femmes. Et avec beaucoup de bonheur. Il m'a même semblé que tout le reste – les succès, les institutions, l'argent, les grand desseins – n'arrivait pas à la cheville des jeunes personnes que je serrais dans mes bras. Je crois que le désir et le sexe mènent les êtres humains au moins autant que l'ambition, la curiosité, l'avidité ou la compassion.

j'entre en métaphysique

Le sexe est un instrument de ce désir qui est au cœur de tout. Et le désir est un instrument du temps chargé d'assurer la continuité d'une histoire inaugurée par le big bang. Sur la chaîne : temps – désir – sexe, le sexe est tout entier du côté de la physique ; avec sa machinerie si affreusement compliquée, le temps se situe du côté de la métaphysique. Par des lois mécaniques qui nous sont familières, les relations sexuelles entre mon père et ma mère m'ont fait entrer au cœur d'un temps qui est un mystère métaphysique.

un parfum de magie

Beaucoup de choses autour de nous se situent à la limite de la physique et de la métaphysique. Beaucoup suscitent notre curiosité et notre admiration et répandent autour d'elles comme un parfum de magie. L'espace. La lumière. L'eau. La pensée. La parole. Tant d'autres encore. Consacrons quelques instants à ces monstres délicieux, à ces miracles d'étrangeté et pourtant d'évidence, à ces compagnons de chaque jour avant de revenir à l'étoffe mystérieuse dont sont faits le monde et la vie et dont nous sommes faits nous-mêmes : le temps.

vers l'auberge où sont les filles

Bon, nous le savons : l'espace est inséparable du temps. Voir loin dans l'espace, c'est voir loin dans le temps. Parce que la propagation de la lumière n'est pas instantanée, mais qu'il lui faut une seconde pour parcourir trois cent mille kilomètres, plus nos télescopes réussissent à atteindre les étoiles reculées dans l'espace, plus ils remontent aussi loin dans le temps. Jusqu'à frôler le big bang. Pour rester dans les limites de la banalité, nous pouvons apercevoir des paysages cosmiques depuis longtemps disparus et ce que nous attrapons au passage sur de lointaines galaxies, et même sur la nôtre propre, est bien antérieur à Jules César, à Alexandre, à Ramsès II, à Moïse et à la guerre de Troie.

Voyager dans l'espace, c'est voyager dans le temps. Le moindre vol aérien au-dessus des continents et des océans est là pour nous l'apprendre. Accompagner en avion la course du Soleil ou la remonter à contresens suffit à troubler nos esprits et nos sens. Les miens, en tout cas. Bien avant l'avion, en train, en bateau, en voiture à cheval, Phileas Fogg et Passepartout en savaient déjà quelque chose dans *Le Tour du monde en quatre-vingts jours.*

Pour nous, dans notre existence de chaque jour, l'espace est distinct du temps. Nous pouvons le voir, le toucher, le parcourir, le mesurer, l'apprivoiser. Pour atteindre le temps, nous sommes obligés de passer par l'espace : mouvement des astres dans le ciel, gnomon, cadran solaire, horloge, montre avec ses aiguilles ou ses chiffres qui se bousculent sur un écran. L'espace est concret. Le temps est abstrait. L'espace est de la matière. Ou la condition de la matière. Le temps est de l'esprit. Ou très proche de l'esprit. Le temps est rusé, malin, tordu, un peu démoniaque. L'espace, son petit frère, est un bon gros sans histoire. Le fréquenter est un jeu d'enfant. Nous allons, nous venons, nous le traversons en tous sens, nous le piétinons sans scrupules, nous le conquérons. Le temps nous emporte et nous use. L'espace est la forme de notre puissance. Le temps est la forme de notre impuissance. L'espace est fait pour être vaincu par nous. D'un bout à l'autre, le temps est notre vainqueur.

L'espace a longtemps constitué un élément fondamental de la création littéraire. Ulysse, dans l'*Odyssée*, laboure sans fin la mer. Les marchands des *Mille et Une Nuits* sont sans cesse sur le chemin entre Bagdad et Samarkand, à la recherche de trésors, à la poursuite d'une femme ou pour échapper à la mort qui finit par les rattraper. Les mots « Il voyagea » sont une des clés de la poésie et du roman universels, des *Éthiopiques* aux *Mémoires d'Hadrien*, des *Tristes* au *Soulier de satin*, de Rabelais et de Cervantès à Flaubert et à Paul Morand. Quand un marin quittait Amsterdam, Gênes, Porto ou Nantes pour Cipango ou pour les Indes, il brisait le cœur de sa bien-aimée. La science a changé tout cela. Vous vous levez à Rome, vous dînez en Floride ou en Californie. L'espace a cessé d'être un obstacle à l'amour, aux affaires, à la guerre.

J'ai beaucoup aimé l'espace et je l'ai parcouru. Non pas l'espace sidéral qui m'épate beaucoup et m'occupe assez peu. Mais notre vieille planète chargée de vignes et de souvenirs de batailles, ses collines, ses petits ports, les routes le long de ses fleuves, ses chemins de terre vers l'église, vers le château, vers l'auberge où sont les filles.

l'ombre de Dieu

La lumière. Pas les couleurs. Ce qui permet au monde d'être vu. Il y a dans la lumière quelque chose qui fait rêver. La lumière est l'ombre de Dieu.

À la différence du temps qui est là et c'est tout, la lumière nous est connue. Nous savons presque tout d'elle, de sa nature, de sa composition, de sa vitesse. Il y avait sans doute de la lumière avant les hommes. Mais, parce qu'il n'y avait personne pour la voir, pour la mesurer, pour en parler, pour s'en réjouir, pour la chanter en musique et pour se servir d'elle dans des dessins et des peintures, c'était comme si elle n'existait pas. Ou presque comme si elle n'existait pas.

Longtemps, nous avons cru que la lumière allait de l'œil vers l'objet éclairé. Et puis nous avons compris – là encore, stupeur, coup de théâtre, révolution – que c'était l'inverse qui était vrai et que la lumière allait du monde vers notre œil.

Qu'ai-je donc fait

Le rayon de lumière inversé constitue à lui seul un chapitre capital de l'histoire des sciences. Tout le monde sait qu'il y a encore trois ou quatre siècles deux grandes théories, incarnées par deux grands savants, Huyghens et Newton, s'affrontaient sur la lumière : pour les uns la lumière était faite d'ondes, et, pour les autres, de particules. La gloire de Louis de Broglie et de quelques-uns a été de nous apprendre qu'à chaque particule est associée une onde. Dans la mécanique ondulatoire, les particules ondulent. La physique mathématique est venue à bout de la lumière.

Il y a quelques années, un livre célèbre à l'époque parlait des « deux cultures » inconciliables entre elles : la culture scientifique et la culture littéraire et artistique. Chère aux peintres comme aux physiciens, la lumière jette un pont entre les deux cultures. Rembrandt, La Tour, Renoir, Monet, Vuillard, Signac, les pointillistes ou les fauves jouent avec la lumière, la décomposent, la glorifient. Ils répondent aux physiciens et aux astronomes qui la traduisent en équations. Le monde n'est fait que de nombres et la beauté est attachée aux nombres. Nous le savions depuis Platon et les présocratiques.

l'eau est une licorne

L'eau est à ne pas croire. Elle est de la matière déjà en route vers l'esprit. Moins dure que la pierre, plus souple que le roseau, elle est plus solide que l'air, que l'oxygène, que les gaz. Elle n'a aucune couleur et elle les a toutes. Elle n'a pas la moindre forme, et elle peut toutes les prendre. Ce n'est pas du sable ni du caoutchouc, ce n'est pas du brouillard : elle est entre les deux. L'eau est un entre-deux, l'eau est un état hybride, l'eau est un ni... ni... dans le genre des chimères, des centaures, des licornes et des chauves-souris. Ses rapports avec les êtres vivants sont réversibles et ambigus : l'eau peut entrer en eux et ils peuvent entrer en elle. Vous pouvez la boire et vous pouvez vous y baigner. L'eau se retourne comme une veste, comme un gant, comme la plus banale des conjonctures. Contenant. Contenu. C'est un aller et retour. C'est une alternative.

Si changeante et si vive, l'eau est une grande dame

qui exerce beaucoup de fonctions et s'affuble de beaucoup de titres. Elle constitue une part importante du corps de chacun d'entre nous. Elle jaillit du ciel sous forme de pluie, des montagnes sous formes de cascades et de torrents. Elle coule dans les plaines en sinuant sous les espèces de rivières et de fleuves. Elle s'accumule en flaques, en mares, en étangs, en lacs. Quand elle s'établit avec grandeur, nous la traitons de mer. Quand elle règne en majesté, nous lui donnons le nom d'océan.

Nous n'énumérerons pas ici les innombrables usages de l'eau, du moulin à l'arrosoir, du pichet au barrage, du verre d'eau au bidet, de l'horloge à eau au lavis, de la rizière à la douve. Les poissons, les oursins, les méduses, les crocodiles, les nageurs de combat, les amibes, les sous-marins peuplent les eaux profondes, stagnantes, agitées ou dormantes. L'eau peut être cruelle jusqu'à l'horreur. C'est un bourreau et une tueuse. Et elle est pure et pleine de charmes :

L'onde était transparente ainsi qu'aux plus beaux jours...

Ou :

À la claire fontaine
M'en allant promener,
J'ai trouvé l'eau si belle
Que je m'y suis baignée...

Sur les genoux des dieux

Ou .

Veux-tu, par un doux privilège,
Me mettre au-dessus des humains ?
Fais-moi boire au creux de tes mains
Si l'eau n'en dissout point la neige.

une stupeur enchantée

Qu'était l'univers avant la pensée ? Qu'était le temps avant la pensée ? Qu'était la lumière avant la pensée ? La pensée ne crée pas le tout. Mais elle le bouleverse de fond en comble.

Où est la pensée ? Dans des individus surgis du sexe. Dans un corps. Dans le cerveau. Elle est aussi physique que la lumière ou l'eau. Elle fonctionne grâce aux neurones. Elle est irriguée par le sang. Elle est liée au corps. Et elle va bien au-delà des lois de la physique. Et d'abord pour cette bonne raison que c'est elle qui les fonde. Comme elle fonde tout le reste. Ou presque tout le reste.

Longtemps, les hommes ont cru qu'ils étaient au centre de tout. Ils n'y sont pas. Et, pourtant, ils y sont. Ils vivent dans un coin perdu d'un univers sans bornes où ils représentent beaucoup moins qu'un grain de sable dans tous les déserts d'Arabie, d'Afrique, de Chine et du Nouveau Monde réunis.

Mais ils le dominent. Parce qu'ils le pensent. Et même si l'existence d'autres créatures intelligentes finissait par être prouvée dans de lointaines galaxies ou dans la nôtre, ce privilège ne nous serait pas retiré. Le monde tourne autour de nous.

La pensée est un mécanisme. On peut la mettre en équations. Il existe désormais des machines à penser qui rivalisent avec la pensée des hommes et qui la mettent en échec. Qui les a pensées ? La pensée des hommes. La pensée se retourne volontiers contre elle-même. Elle donne des verges pour se faire battre. Elle adore se mettre en danger. Mais elle est toujours là. Et même toujours ailleurs. La contradiction, le paradoxe, l'ironie sont les modes d'une pensée qui n'aime rien tant que se nier. Penser, c'est refuser, c'est dire non, c'est penser contre les autres, et surtout contre soi. La force de la pensée est de n'obéir à aucune loi et de ne jamais être où vous croyez. Penser est toujours autre chose.

Dans ce palais des merveilles qu'est le tout et dont nous sommes les gardiens, la plus grande merveille est l'homme. Parce qu'il pense des choses imprévisibles et qu'aucune machine ne pourra jamais inventer. Les machines répètent, reproduisent, combinent à des vitesses impressionnantes. Elles pourront vaincre aux échecs et remporter des batailles, elles pourront gagner de l'argent et réparer des dégâts, elles pourront peindre et écrire et produire de la musique. Elles ne feront jamais que rendre au centuple et à une allure accélérée ce qu'on leur aura donné. Je doute qu'une machine soit jamais capable d'un mot d'esprit autre que mécanique. Je doute qu'une machine puisse remplacer Socrate, Talleyrand ou Darwin. Je doute qu'une autre *Iliade*, une autre *Ronde de nuit*, un autre *Don Juan* sorte jamais d'une machine.

Le secret, le mystère, le miracle de la pensée est pourtant encore ailleurs. Ce qu'il y a de plus stupéfiant dans la pensée, c'est qu'elle puisse penser l'univers. « Ce qu'il y a de plus incompréhensible, disait Einstein, c'est que le monde soit compréhensible. » Il est compréhensible parce que nous sommes capables de le penser. Nous ne vivons pas dans un chaos, dans un non-sens, dans l'absurde. Nous découvrons peu à peu les lois de la nature. Celles qui régissent la marche des astres, celles qui commandent l'histoire des hommes, celles qui nous concernent nous-mêmes et les mécanismes qui nous constituent. Nous sommes capables de découvrir par le calcul la position d'étoiles que nous ne pouvons pas voir. Même si nous nous trompons sur l'interprétation des caractères et des événements, nous pouvons comprendre un passé auquel nous n'avons pas assisté. Même si nous sommes à peu près sûrs que ce qui se passera sera différent de ce que nous aurons prévu, nous sommes en mesure d'imaginer un avenir qui n'existe pas encore. Entre les autres et moi malgré les différences d'intérêts et de niveau dans un sens ou dans l'autre, malgré les divergences et les oppositions, se crée quelque chose comme une pensée collective. Entre l'univers et nous, cette pensée collective jette un pont immatériel. Notre cerveau est

Sur les genoux des dieux

capable de comprendre un univers démesurément plus grand que lui, et l'univers ne se dérobe pas – ou ne se dérobe que partiellement – à nos efforts dérisoires.

Dans cette communion des saints qu'est la pensée universelle, même l'erreur est une bénédiction. Le système de Ptolémée, les croyances des gens d'Ur ou d'Akkad, des Assyriens, des Égyptiens, des Aztèques, des Inuits, des Dogons, les préceptes d'Hippocrate ou de Galien sont les bégaiements d'une parole à la recherche de la vérité et déjà capable, même à tort, d'interpréter le monde.

Nous ne sommes rien et moins que rien dans un univers où l'infiniment grand conspire avec l'infiniment petit pour mieux nous écraser de leurs splendeurs lointaines. Mais entre le tout et nous, comme une stupeur enchantée, il y a un lien de pensée.

un drôle d'oiseau

La parole est un drôle d'oiseau. Ondes, rayons, particules, bosons, quarks, neutrinos, arsenaux des fourmis, danse savante des abeilles, et les queues des lézards qui repousseraient toutes seules, sans parler des passions qui sont capables de tout, il y a beaucoup de choses très curieuses dans le monde autour de nous. La parole pousse la bizarrerie à ses extrémités.
Elle sort d'une bouche pour entrer dans une oreille. Avant la bouche : un cerveau ; après l'oreille : un cerveau. D'un cerveau à un cerveau. Entre les deux, rien du tout. Enfin, rien du tout : de l'air, des ondes, des résonances. La parole est de l'air brassé par la pensée entre une bouche et une oreille.
Avec sa langue et ses dents, avec le larynx, le pharynx et les cordes vocales derrière elle, la bouche est très compliquée. Avec son pavillon et son lobe, avec sa trompe d'Eustache, son étrier, son limaçon, ses canaux semi-circulaires, son enclume, son

marteau et son tympan, l'oreille l'est encore plus, et à un point incroyable. L'oreille, comme l'œil, est un monde à elle toute seule. Comme la lumière a besoin d'un œil pour pouvoir être aperçue, la parole a besoin d'une oreille pour pouvoir être entendue. Si l'oreille est compliquée, la parole l'est tout autant. Elle trimbale toute une histoire derrière elle : une origine obscure, un langage, une culture, une géographie dont témoigne encore l'accent, un tempérament, un état de santé et une éducation.

La parole a une vie très brève. Le sens commun assure qu'elle vole. C'est un oiseau-mouche, un éphémère. *Verba volant.* La parole sert à instruire, à convaincre, à commander, à se plaindre, à implorer, à prier, à caresser, à punir. Parole de Dieu, parole d'honneur, parole d'homme, parole en l'air, belles paroles.

Tout passe. Les paroles passent plus vite encore que les années et les jours, les actes, nos amours, le bonheur et la gloire. Que deviennent les paroles une fois qu'elles ont été prononcées ? Elles se perdent dans l'air qui les a fait vivre et transportées, elles disparaissent, elles s'évanouissent. Sans laisser la moindre trace. Ni cendres, ni reliefs, ni poussière.

Le génie des hommes a pourtant inventé une méthode pour fixer la parole à la façon de ces papillons rangés dans une vitrine. La parole volette dans le temps qui passe et s'évanouit. L'écriture l'immobilise et la perpétue dans l'espace. L'écriture est de la parole passée de l'air du temps aux rigueurs de l'espace.

un secret bien gardé

Non seulement l'espace, la lumière, l'eau, la pensée, la parole, mais nous-mêmes, nos songes les plus secrets et tout ce qui nous est possible de concevoir et d'imaginer est emporté dans le temps.

Tout est temps. Le temps est tout. Composé ni d'ondes ni de corpuscules, invisible, inaudible, sans odeur et sans goût, sans étendue et sans masse, en vérité sans la moindre réalité et pourtant fondement de toute réalité avec une évidence accablante, le temps règne d'un bout à l'autre d'un univers qui se confond avec lui. Nous mourons. Les fruits mûrissent. Les galaxies s'éloignent les unes des autres. Hier encore, aujourd'hui, qui sera hier dès demain, se cachait à nos yeux sous le nom de demain.

Dès l'enfance, le temps m'a épouvanté et ébloui. Dans cette aiguille qui trottait, dans ces chiffres qui n'arrêtaient pas de se bousculer et de se succéder, je voyais un secret plus grave et mieux dissimulé que ceux de *L'Île au trésor* ou des *Mille et Une Nuits*.

d'où vient le temps ?

La matière, la vie, notre histoire et nous-mêmes, nous pouvons imaginer que nous sortons de mécanismes que nous connaissons déjà ou que nous ne connaissons pas encore mais que nous pourrons connaître un jour. Mais le temps, d'où vient-il ?

signe d'autre chose

Il me semble que le temps n'est pas fermé sur lui-même et qu'il renvoie à autre chose. À quoi ? À l'éternité. « Nous sentons et nous expérimentons, écrit Spinoza, avec un peu d'audace, que nous sommes éternels. » Sommes-nous éternels ? C'est douteux. Disons avec modestie que nous nous faisons, à travers le temps, une idée – peut-être illusoire – de l'éternité.

Le temps est l'image mobile de l'éternité. Il l'annonce à chacun d'entre nous puisqu'il débouche sur la mort qui est une éternité. Dans ce monde, le temps est tout, mais, au regard de l'idée que nous sommes capables de nous faire de l'infini, il est une limite, une servitude, une imperfection. Il est la marque de notre condition misérable. À l'origine de l'univers, il naît avec le tout qu'il accompagne de bout en bout. Il est signe d'autre chose, vers quoi nous nous précipitons. De quoi est-il donc le signe ?

je m'interroge

Je parle de ce que nous ne connaissons pas. Et de ce que nous ne pouvons pas connaître. Le temps est là pour ça : pour que nous ne connaissions pas ce qui est hors du temps. Il est un écran entre notre monde et ce qui n'est pas de notre monde, entre nous et le reste – c'est-à-dire la mort, l'éternité, l'avant-le-big-bang et l'après-l'univers.

Je n'assène pas des certitudes. Je ne défends aucune doctrine. Je ne propose aucune recette. Je m'interroge sur l'évidence.

encore un mot sur moi

La science nous a plus appris en cent ans que les centaines de millénaires depuis la naissance de notre pensée. Elle ne nous a rien appris sur notre mort, sur le temps et sur l'éternité.

Nous vivons peu d'années. Quelques dizaines au plus. Et nous serons morts pour toujours. Il m'a toujours paru surprenant que nous nous occupions autant de notre vie si brève et si peu de notre mort éternelle. Peut-être par paresse – car il n'y a rien à savoir et donc rien à apprendre –, j'ai beaucoup rêvé à la mort et à notre sortie hors du temps.

On peut en dire n'importe quoi puisqu'on ne peut rien en dire. C'est pourquoi j'avance avec lenteur et prudence, avec crainte et tremblement. Je ne sais rien. Je n'affirme rien. Mais cette histoire de temps n'en finit pas de me turlupiner.

Ce vertige du monde dont je vous parlais tout à l'heure, ces malaises que je ressentais devant la vie et même devant ses plaisirs, je les soupçonne d'être liés au temps. Médecins, psychiatres, biologistes, physiciens ont le droit de me regarder avec pitié et de m'accuser de parler de ce que je ne connais pas : je suis persuadé qu'à notre insu peut-être le temps est un secret très lourd pour chacun d'entre nous.

un pas de plus

Faisons un pas de plus. Tant que ce secret ne sera pas levé – et ce n'est pas demain la veille –, chacun pourra imaginer ce qu'il veut derrière ce décor universel, immobile et mouvant.

À la différence de tous les phénomènes dont il est le véhicule, il est difficile de supposer que le temps soit le fruit d'une évolution. Est-il possible de concevoir qu'il se soit mis en place tout seul ? Serait-il une propriété de la matière, une illusion de l'esprit, un fantasme, un jeu de mots ? Ou serait-il la marque imposée à l'univers par une puissance extérieure ?

une hypothèse inutile

Mathématicien et physicien, Pierre Simon de Laplace présenta un jour son tableau de l'univers à l'empereur Napoléon. On raconte que Napoléon, fils des Lumières, admirateur de Jean-Jacques Rousseau et, un temps au moins, de Robespierre, partisan d'un Être suprême nécessaire à ses vues politiques – et neveu de Louis XVI par Marie-Louise, nièce de Marie-Antoinette –, se serait inquiété de l'absence de Dieu dans le système de l'astronome.
« Sire, aurait répondu Laplace, Dieu est une hypothèse dont j'ai cru pouvoir me passer. »

une bataille de géants

Longtemps, pendant des siècles et des siècles, tout le monde, ou presque tout le monde, a cru à des dieux ou à Dieu. Il y a toujours eu des esprits assez forts et assez audacieux pour refuser toute puissance extérieure à ce monde et au temps. Ils étaient une minorité. Il fallait bien expliquer, ou tenter d'expliquer, l'univers, la voûte des cieux, l'apparition et la disparition du Soleil et de la Lune, la marche des astres, notre présence ici-bas, suivie à brève échéance de notre absence à tous. À Memphis, à Thèbes, à Babylone, à Troie, à Athènes, à Persépolis, à Carthage, sur les bords du Tibre et du Gange, les dieux veillaient à l'ordre du monde. À Jérusalem, à Bagdad, à Grenade, à Istanbul, à Rome, à Londres, à Versailles, à Madrid, à Vienne, à Washington, Dieu régnait sur l'univers, sur notre vie, sur notre mort. Partout et toujours, Dieu ou les dieux étaient étroitement liés au pouvoir en place. La religion et le pouvoir se soutenaient l'un l'autre.

Depuis deux ou trois siècles, la science a pris le relais de Dieu. Elle se substitue à lui pour fournir des réponses aux questions que nous nous posons. C'est une bataille de géants. Mathématiciens et astronomes, physiciens et biologistes, géologues et anthropologues se sont établis au chevet de l'univers, de la vie et de nos machineries. Ils ont découvert des lois. Ils en découvrent encore. La nature livre ses secrets. L'affaire n'est pas encore classée, l'enquête se poursuit et avance.

ma grand-mère perd la partie

Dieu, tenant du titre, défend ses positions. Il a du mal. Dans le rôle du challenger, la science marque des points et le pousse dans ses retranchements. Dieu n'est plus omniprésent. La science le devient. Ma grand-mère, à Saint-Fargeau, est en train de perdre la partie. La religion recule. La science progresse.

La science ne se prononce pas sur l'existence de Dieu. Mais beaucoup de savants estiment devoir se dispenser de ce personnage encombrant et inutile. Ils considèrent que le monde se suffit à lui-même. Il est le fruit du hasard et de la nécessité. Le jeu des causes et des effets suffit à expliquer l'histoire de l'univers, l'irruption de la vie, la naissance de la pensée. L'évolution mène jusqu'à nous. Il n'y a pas de mystère qui ne puisse être percé. Nous n'avons besoin de rien ni de personne d'extérieur à notre monde.

work in progress

À quoi je crois ? À la science. Et ce qu'elle nous apprend et nous propose, je suis porté à l'accepter en bloc et sans la moindre réserve.

J'imagine, naturellement, que les découvertes de demain remettront en cause les découvertes d'aujourd'hui comme les découvertes d'aujourd'hui ont rendu caduques les découvertes d'hier et que le dernier mot de la science ne sera jamais prononcé. La vérité n'est pas donnée. Elle n'est même pas un but. Elle est une tâche infinie. Parlons un peu anglais, pour une fois, parce que l'anglais, sur ce point, est plus commode et plus sobre que le français : *Science is a work in progress.*

Sur les rapports entre la science et la vérité, on pourrait écrire plusieurs volumes. Contentons-nous de dire ici qu'il s'agit d'une asymptote : l'écart entre la vérité et la science tend vers zéro à l'infini – mais

Qu'ai-je donc fait

seulement à l'infini. Comme la justice, la vérité est hors de notre portée. La tâche des hommes est de la poursuivre sans relâche en abandonnant tout espoir de jamais pouvoir l'atteindre. C'est un coin de ciel bleu pour ma pauvre grand-mère.

une chance insolente

Il n'est pas suffisant de dire que la vérité dans toute sa splendeur restera toujours hors d'atteinte de la science. Quelque puissante qu'elle soit, la science est aussi impuissante à rendre compte d'un certain nombre de ses propres découvertes.

Depuis un peu moins de quatre milliards d'années, l'évolution n'a jamais cessé de profiter à la vie et, depuis quelques millions d'années, à l'espèce minuscule et toujours menacée des hommes. À plusieurs époques, le nombre de ses représentants est tombé à quelques dizaines de milliers d'individus, et peut-être moins. Leurs conditions d'existence, et d'abord de température, évoluent entre des limites très étroites. La famine, la maladie, la stérilité, la guerre, l'hostilité de la nature et des autres espèces n'ont jamais manqué de mettre en danger l'aventure humaine. Dans les drames, mais aussi dans un succès auquel a été donné le nom de progrès, l'histoire des hommes s'est pourtant poursuivie. On parierait volontiers qu'elle se poursuivra encore longtemps.

Ce n'est pas seulement la vie qui peut apparaître, sinon comme miraculeusement protégée, au moins comme bénéficiaire d'une série surprenante de hasards : c'est l'univers lui-même.

L'extrême rigueur du réglage des conditions de l'univers a été constamment soulignée par les astrophysiciens, par les géologues et par les mathématiciens. Un centimètre de plus ou de moins, un degré de chaleur de plus ou de moins, un mouvement modifié si peu que ce soit dans la mécanique céleste – et tout le système s'écroule. L'organisation et l'équilibre du tout ont été maintes fois comparés à l'habileté d'un tireur dont la flèche atteindrait sa cible à une distance invraisemblable avec un succès confondant, à la chance d'un joueur qui n'en finirait pas de tirer des cartes gagnantes – quatre as coup sur coup, puis quatre rois, puis quatre dames, des séquences perpétuelles, des suites de cœurs ou de trèfles – au casino de l'univers. Si l'univers n'a pas volé en éclats, c'est qu'il est construit pour durer. On dirait qu'il n'a jamais cessé de bénéficier d'une espèce de chance insolente.

une nécessité peu nécessaire ?

    Peut-être faut-il ajouter, pour faire plaisir à ma grand-mère, que la nécessité, qui est, avec le hasard, au cœur du système de la science, ne tombe pas du ciel avec une évidence qui ne laisserait aucune place à l'examen. Pour dire les choses en un mot, battue d'ailleurs en brèche au profit de l'incertitude par Heisenberg et quelques autres, l'idée de nécessité ne s'impose pas avec une nécessité suffisante pour écarter toute discussion. La nécessité, comme le temps, n'entraîne pas avec elle sa propre justification.

où en sommes-nous ?

Une nécessité en question, des hommes qui s'en tirent toujours, un univers qui a de la chance, un écart irrépressible entre vérité et savoir – et, d'abord et avant tout, un temps inexpliqué et inexplicable : il y a de la marge pour autre chose.

sautons le pas

Parce que je ne sais rien, parce que je suis gai et naïf, parce que j'aime à la folie ces vieilles histoires qu'on raconte aux enfants, je me range avec allégresse et avec impertinence du côté de ceux qui pensent qu'il y aura toujours autre chose que la totalité de ce que nous sommes capables de savoir. Je crois que la science expliquera presque tout et qu'elle n'expliquera jamais tout. Elle fournira un nombre illimité de réponses. Et de chaque réponse, parce que nous sommes dans le temps, naîtront une foule d'autres questions. Restera toujours un espace où le savoir se révélera impuissant.

douter en Dieu

Voilà que je me demande avec un peu d'inquiétude si je n'ai pas, une fois de plus – vous vous rappelez peut-être encore ma familiarité exagérée avec Montaigne et Chateaubriand... –, pété plus haut que mon cul. Je déteste le sérieux, les mines graves, la vanité des débats. J'ai donné dans le débat avec sérieux et gravité. Je ne sais rien : ne faisons pas semblant de savoir. Sur Dieu, qui m'a beaucoup occupé, personne ne peut rien savoir.

La vérité est que, ne croyant pas à grand-chose, je ne crois pas non plus à la fameuse mort de Dieu. Je n'aime pas tellement ceux qui savent qu'il existe et qui en profitent pour me donner des leçons. J'aime encore moins ces esprits soi-disant libres qui savent avec certitude et qui répètent à tout vent qu'il n'existe pas.

Je ne sais pas si Dieu existe. Les fameuses preuves de son existence ne me paraissent pas décisives. Les efforts, dans l'autre sens, pour démontrer qu'il n'existe pas, me semblent le comble de l'absurde.

Il y a de l'audace et de la prétention à soutenir que Dieu existe. Prétendre qu'il n'existe pas, c'est croire des choses invraisemblables – que le temps s'est créé tout seul, que les astres se sont mis en place dans le ciel par leurs propres moyens, que l'évolution s'est inventée elle-même... – et donner les preuves d'une crédulité qui n'a rien à envier à la foi la plus aveugle. Le monde se met parfois à ressembler à une aventure du baron de Münchhausen qui, tombé dans un marécage, avait fini par s'en extraire en tirant sur ses cheveux. De quelque façon qu'on les aborde, l'univers et la vie resteront des énigmes et des mystères qui ne seront pas résolus. On dirait même que le tout est ficelé de manière à ce que ses détails s'en révèlent peu à peu et pour que personne n'y comprenne jamais rien.

Tout ce qu'on peut faire avec Dieu, ce n'est pas de le connaître ni d'accumuler des arguments pour ou contre son existence. Ce n'est même pas de parler de lui. C'est d'espérer qu'il existe.

La mort, s'il n'existe pas, perd beaucoup de son charme. S'il existe, quelles délices ! Dans l'éternité, bien sûr, mais aussi dans cette vie qui, en dépit de tous les chagrins et au sein même du malheur, devient supportable et même légère, douce, pleine de tendresse et d'attente. Pleine d'ironie aussi à l'égard de tout le reste. Il ne s'agit pas de brûler des cierges, ni de lancer des pétitions, ni de se livrer, d'un côté ou de l'autre, à des pratiques de magie. Ne prenons pas des airs rogues. Ne campons pas dans nos châteaux en Espagne ni sur des positions préparées à l'avance. Il faut donner sa chance à Dieu. Il faut laisser à Dieu le bénéfice du doute.

Oui, bien sûr, je doute. Je doute de l'existence de Dieu. Je doute encore bien davantage de son inexistence. Les uns croient en Dieu. Les autres doutent de Dieu. Je doute en Dieu. Si vraiment il se trouvait – j'en doute un peu – qu'il n'a jamais existé, je n'aurais fait de mal à personne en pensant qu'en fin de compte il aurait bien pu exister. Et s'il existe, il me pardonnera, car il est fait pour ça, d'avoir pensé trop souvent, peut-être poussé par le Diable – est-ce qu'il existe, celui-là ? – qu'il avait peu de chances d'exister parce que, s'il existait, il aurait pu me le faire savoir avec un peu plus d'évidence.

Dieu est caché

J'ai tort de réclamer plus d'évidence à Dieu. L'évidence n'est pas le fort de Dieu. Son fort serait plutôt l'impermanence du monde et son incertitude. La marque – en creux – de l'éternité, c'est le temps. Le propre de Dieu est l'absence. Personne ne l'a jamais vu. On ne peut pas le voir. On peut à peine le nommer. Il se dérobe à Moïse. Il manque, sous le nom du Père, au Christ sur la Croix. Il est tonnerre, nuée, brasier, feu ardent, trou noir. Dieu est un Dieu caché.

Une preuve définitive de l'inexistence de Dieu aurait été une catastrophe sans nom pour ma grand-mère et pour beaucoup. Une preuve irréfutable de son existence serait une catastrophe bien pire, et pour tous. Pour ceux qui ne croient pas en lui, bien sûr. Mais aussi, et peut-être surtout, pour ceux qui croient en lui. Dieu n'est pas un phénomène que nous puissions voir ou entendre, à la façon du soleil, de

Qu'ai-je donc fait

l'arc-en-ciel, de la lumière, de la tempête, de l'océan. Dieu n'est pas un événement. Dieu ne se donne pas comme un fait, comme une évidence. Où serait le mérite des hommes si Dieu était une évidence ? Pour quoi se battraient-ils et contre quoi se battraient-ils s'il était une évidence ? Dieu est une recherche, une conquête, une tension, une espérance. Dieu est un rêve et une tâche infinie. On ne peut le trouver que si on le cherche. Il est là parce qu'il est absent. Le temps sert de rideau à une éternité qui se dissimule derrière lui.

La preuve est la gloire de la science. La science doit éprouver et prouver le détail le plus mince. Dieu ne prouve jamais rien. Et rien ne prouvera jamais Dieu. Les preuves de l'existence de Dieu, vous pouvez les laisser tomber. Dieu comble les trous du savoir, il explique l'inexplicable, il est la clé de ce tout qui à ses yeux n'est rien, il est le dernier recours – et toujours dans le lointain. La science est là. Dieu est ailleurs. Hors de ce monde. Hors du temps. À l'écart de nos lois que déchiffre la science. La science parle. Dieu se tait. La science est présente sur tous nos fronts. Dieu est absence.

le Fils est parmi nous

Avec l'amour et la communion des saints, l'Incarnation est le coup de génie du christianisme. Dieu est hors du temps. Il est dans l'éternité. Il envoie son Fils entrer dans l'espace et dans le temps comme chacun d'entre nous. Est-ce lui, l'Éternel, qui entre dans le temps ? Non, c'est son Fils. Mais son Fils, c'est lui.

Dans cette ambiguïté est déjà en germe toute la succession des crises et des conciles des débuts du christianisme. Monothéisme rigoureux, l'arianisme soutient que le Fils est distinct du Père et qu'il lui est inférieur. Arius est condamné. Le Christ est homme à plein temps et il est Dieu à plein temps. Nestorius, qui incarne l'orthodoxie et qui défend contre Arius l'identité parfaite entre le Père et le Fils, triomphe. Et ses disciples avec lui. Ils se répandent au Moyen-Orient et jusqu'en Chine : Tarek Aziz, ministre des Affaires étrangères de Saddam Hussein, est nestorien et dans la fameuse forêt des stèles à Xian figure une inscription nestorienne. Mais Nestorius se heurte à une difficulté : si le Père et le Fils se confondent, Marie, fille de Dieu comme toutes les créatures, est la mère de son père. Il est obligé de distinguer dans le Christ la personne divine de la personne humaine. Marie peut alors être dite *Christotokos*, mère du Christ ; elle n'est pas mère de Dieu, *Théotokos*. Nestorius, aussitôt, est condamné à son tour. Et ainsi de suite, pendant des siècles de palabres et d'assemblées sans fin, d'orthodoxie et de schismes.

L'Église de Rome n'a jamais cessé, et c'est une tâche difficile, de tenir avec fermeté les deux bouts de la chaîne : un Dieu en trois personnes, d'un côté, avec un Père distinct du Fils ; de l'autre, la double nature divine et humaine du Christ, pleinement homme et pleinement Dieu, c'est-à-dire un Fils consubstantiel au Père bien que descendu sur cette Terre. Le mur élevé par le temps entre l'éternité et l'univers, entre Dieu et les hommes, était ainsi franchi par un Fils identique au Père, et pourtant différent de lui.

Il ne viendrait à l'idée d'aucun peintre de représenter Jésus en train de tirer du néant le ciel et la terre, les animaux à la façon de Tintoret, l'homme à la façon de Michel-Ange. La création du monde, l'invention de l'espace et du temps, l'organisation de l'univers, l'évolution des espèces ne sont pas à mettre sur le compte du Fils, qui y est pourtant associé de toute éternité. Ce n'est pas l'affaire du Fils. C'est l'affaire du Père. La division du travail est assurée là-haut avec autant de rigueur qu'ici-bas. Jésus est Dieu, mais parmi les hommes. Et seulement parmi les hommes. Parce qu'il est entré dans le temps. Son père – « *Eli, Eli, lamma sabachthani :* mon Dieu, mon Dieu, pourquoi m'as-tu abandonné ? » – est resté caché hors du temps.

Beaucoup ont vu Jésus, mais personne ne peut voir Dieu dans son éternité. Nous ne nous privons pas de parler de Dieu dans un sens ou dans l'autre, mais aucun esprit humain ne peut penser l'Éternel, ni même l'imaginer. Jésus a un nom, un visage, une histoire, une mère. Il appartient comme vous et moi à l'espace et au temps. Les hommes et les femmes de son époque l'ont connu et tous peuvent se sentir proches de lui et l'aimer. Dieu est inconcevable ; Jésus est conçu de Marie. Le Fils est parmi nous, mais le Père est ailleurs.

au plus près du néant

L'islam ne connaît pas les problèmes liés, dans le christianisme, au mystère de la Trinité. Il serait plutôt dans la ligne de Jéhovah l'obscur ou dans celle d'Arius – qui lui prépare le terrain tout autour d'une Méditerranée largement chrétienne, au point que, plus attaché au Père qu'au Fils, l'arianisme a sans doute facilité les conquêtes foudroyantes des cavaliers d'Allah contre les Byzantins d'un côté, contre les derniers Wisigoths d'Espagne de l'autre – et il va plus loin que lui. Dieu est seul dans le ciel : il n'a pas envoyé son Fils sur la Terre, mais seulement son Prophète. Le Prophète n'est pas Dieu : il n'est que son représentant dans le temps. Comme le Dieu d'Israël, qui ne peut être ni représenté ni nommé, Allah – aux noms innombrables puisqu'il en a quatre-vingt-dix-neuf et que le centième est secret – reste caché et inaccessible.

Sur les genoux des dieux

Pour les musulmans, pour les chrétiens, pour les juifs, le créateur de toutes choses est aussi loin que possible du temps. Aussi près que possible du néant. Ou de ce que les hommes, enfermés dans le temps, appellent le néant et qui est peut-être un autre tout.

le mystère et l'absurde

S'il y a un Dieu, il est caché, il est ailleurs, il est hors du temps, il n'obéit pas à nos lois et nous ne pouvons rien dire de lui. Nous ne pouvons décréter ni qu'il existe ni qu'il n'existe pas. Nous avons seulement le droit d'espérer qu'il existe. S'il n'existe pas, notre monde est absurde. S'il existe, mourir devient une fête et la vie, un mystère.

Je préfère, de loin, le mystère à l'absurde. J'ai même un faible pour le secret, pour l'énigme, pour un mystère dont la clé nous serait donnée quand nous serons sortis de ce temps qui est notre prison. Kant parle quelque part d'une hirondelle qui s'imagine qu'elle volerait mieux si l'air ne la gênait pas. Il n'est pas impossible que le temps soit pour nous ce que l'air est pour l'hirondelle. Tant pis ! Je prends le risque. Si tout n'est que néant, si les portes de la nuit s'ouvrent et que derrière il n'y a rien, être déçu par ma mort est le dernier de mes soucis puisque je ne serai plus là et que je n'en saurai rien. J'aurai vécu dans un rêve qui m'aura rendu heureux. « Tu me fais penser à ceux qui traduisent *"numero deus impare gaudet"* par "le nombre deux se réjouit d'être impair" et qui trouvent qu'il a bien raison » : les mots de Gide dans *Paludes* m'ont toujours enchanté.

Je m'amuse de cette vie qui se réduit à presque rien s'il en existe une autre. Tout provoque ma gaieté si ce temps n'est que le masque pris par l'éternité et son annonce ici-bas. Les malheurs, trop réels, les ambitions, les échecs, les grands desseins, et les passions elles-mêmes si douloureuses et si belles, changent un peu de couleurs. Avec souvent quelques larmes, je me mets à rire de presque tout. Les imbéciles et les méchants ont perdu leur venin. Pour un peu, je les aimerais. Une espèce de joie m'envahit. Je n'ai plus peur de la mort puisqu'il n'est pas interdit d'en attendre une surprise. Je remercie je ne sais qui de m'avoir jeté dans une histoire dont je ne comprends pas grand-chose mais que je lis comme un roman difficile à quitter et que j'aurai beaucoup aimé.

J'ignore s'il y a un Dieu ailleurs, autre chose après la mort, un sens à cette vie et à l'éternité, mais je fais comme si ces promesses étaient déjà tenues et ces espérances, réalisées. Et je souhaite avec confiance qu'une puissance inconnue veille, de très loin, mais beaucoup mieux que nous, sur ce monde et sur moi.

libre

Qu'ai-je donc fait ? J'ai essayé d'être libre. Je me suis moqué de la mode, des entraînements, des prestiges de l'époque. Je me suis attaché à Dieu, à la beauté, au plaisir qui n'avaient pas la faveur des temps où j'ai vécu et qui étaient passés de mode. Je les ai achetés à la baisse, quand plus grand-monde n'en voulait. Ils remonteront, je n'en doute pas. Encore un bon lot de catastrophes inédites, encore un peu de hideur étalée à nos yeux, encore quelques chagrins, et on se les disputera. Je n'ai pas attendu leur retour pour les servir et les aimer. Et si nous n'étions plus que quelques-uns à nous obstiner et à croire que le ciel et la terre chantent la gloire de l'Éternel, à nous réjouir de la vie, à nasillonner derrière la beauté à la façon – en minuscule – de Socrate à qui Alcibiade plaisait tant, de Platon qui pensait que la beauté était cachée derrière les apparences, des géants de la Renaissance et de l'âge classique, je me rangerais parmi eux.

amor fati

Arriéré ? Peut-être. Réactionnaire ? Oui et non. Je ne suis pas hostile à réagir contre la bêtise – et d'abord contre la mienne –, contre l'oubli qui menace, contre la laideur qui monte dans notre monde affolé par l'argent, contre les risques de destruction d'une planète dont le sort est désormais entre nos mains. Mais les regrets ne sont pas mon fort. Je laisse le temps couler et, si j'osais, je l'encouragerais à le faire. Conservateur ? Sûrement pas. J'ai été fasciné par le passé, par le passé de l'univers, par le passé des hommes, par mon propre passé. *Au plaisir de Dieu* est un éloge ironique des miens et de ma jeunesse parmi eux. Mais ce qui m'a toujours intéressé, beaucoup plus que le passé et presque autant que le présent, c'est l'avenir. La vie n'est faite que de matins. Le monde n'est fait que d'enfants. J'ai fait mienne la formule de Woody Allen : « L'avenir m'intéresse parce que c'est là que j'ai l'intention de passer mes prochaines années. » Mes prochaines années ne sont plus si nombreuses. Mais je m'obstine à leur faire confiance. Puisque nous sommes dans le temps, il faut aimer notre destin. *Amor fati.*

les autres

Les autres ne m'ont pas déplu. Je n'ai jamais pensé que l'enfer, c'était eux. J'ai aimé leurs idées, leurs opinions, leurs convictions. Et souvent plus que les miennes. J'ai toujours été sensible à leurs arguments. Et parfois un peu trop. À ce point-là, mieux valait se tenir aussi éloigné que possible de la scène politique où il s'agit d'abord de croire et de faire croire que vous avez raison et que les autres ont tort. Les autres, j'ai respecté leurs croyances et leurs dieux. En Grèce, à Rome, à Jérusalem, en Égypte, au Mexique ou au Pérou, en Inde, en Iran, en Thaïlande ou en Indonésie, beaucoup de mes voyages ont tourné autour des dieux des autres. Les autres, il m'est aussi arrivé d'aimer beaucoup leurs corps. J'ai vécu parmi les autres, avec les autres, comme les autres.

Je me suis beaucoup occupé de moi. Mais, au-delà de la compassion, de l'amitié, au-delà peut-être même de l'amour, j'ai cultivé l'admiration. Non seulement pour le monde autour de moi, mais pour les autres, pour mes adversaires, pour ceux que je combattais – et même pour des écrivains. L'admiration était devenue une denrée plutôt rare à une époque où régnaient le soupçon et la dérision. J'ai très souvent préféré ce que faisaient ou écrivaient les autres à ce que je faisais moi-même. Je n'ai pas seulement aimé et admiré Homère, Cervantès, Shakespeare, Goethe, Chateaubriand ou Proust. J'ai été ému et émerveillé par Drelincourt, par Heine, par Pouchkine et par Tourgueniev, par Oscar Wilde, par Jules Renard, que Gide détestait, par Paul-Jean Toulet. Et enchanté par Rostand, par Robert de Flers qu'admirait Jankélévitch, par Maurice Leblanc que nous avons tous lu, le cœur battant, avec plus de plaisir que nos nouveaux romans, par Tristan Bernard, par Sacha Guitry, adulé et détesté. Plus d'une fois, j'ai souhaité être un autre. Le culte du moi m'a été étranger. Je me suis toujours vu comme un parmi les autres, qui ne valait pas mieux que les autres et que tous les autres valaient.

Je dois tout aux autres. À Dieu, d'abord. Et puis aux autres. Je leur dois ma langue, dont je me suis beaucoup servi, mon éducation, qui ne m'a pas été inutile, l'agrément de ma vie, toutes les facilités de l'existence. Je dois beaucoup aux professeurs, aux médecins, aux soldats qui se sont fait tuer pour moi, aux paysans, aux pêcheurs, aux cheminots, à mon facteur, aux éboueurs. Je ne me crois supérieur à aucun d'entre eux. Seul, qu'aurais-je donc fait ? Si j'avais été Robinson, je me serais précipité à la recherche de Vendredi. Je me suis plaint des touristes.

Sur les genoux des dieux

J'en suis un. Je me suis méfié de la foule. J'en fais partie. Je n'ai jamais cessé d'être de ceux qui respectent et honorent les étrangers. J'aime bien les autres : beaucoup me lisent. Et ils constituent une catégorie à laquelle j'appartiens moi-même aux yeux de chacun de mes semblables.

le monde est inépuisable

Fait de temps et de lumière, de matière et de pensée, de beaucoup d'autres et de moi, le monde est inépuisable. Il nous dépasse de partout. Il rend nos efforts dérisoires.

Chaque amoureux a le sentiment d'avoir compris le sens de la vie. Chaque savant, chaque peintre, chaque sculpteur, chaque photographe, chaque musicien s'imagine qu'il a donné une image neuve de l'univers. Chaque écrivain se persuade sans trop de peine qu'il a arraché à la création des secrets longtemps cachés. Nous aurons beau pourtant accumuler les expériences, les recherches, les travaux, les œuvres d'art, les mots, nous ne verserons jamais qu'une goutte d'eau dans l'océan de ce tout surgi d'une pointe d'épingle des milliers de fois plus minuscule que le moindre grain de poussière et devenu grâce au temps comme une image de l'infini.

Les temples de Karnak ou d'Angkor, l'*Iliade* et

Sur les genoux des dieux

l'*Odyssée*, les cantates de Bach ou *Les Noces de Figaro*, le *Moïse* de Michel-Ange ou son *Jugement dernier* nous donnent une idée du sublime. Un jour, leur souvenir s'effacera de la mémoire des hommes. On peut imaginer que les hommes eux-mêmes, dans quelques millions d'années, n'auront laissé aucune trace de leur passage orgueilleux. Tout ce que les hommes font est une sorte de miracle voué d'avance à l'oubli. Pour borné qu'il soit dans l'espace et dans le temps, parce qu'il est immense et parce que la pensée des hommes et leurs rêves ont quelque chose d'infini, l'univers nous écrase de sa richesse. Il humilie les plus grands. Il me renvoie au néant.

Qu'ai-je donc fait ? Rien, bien entendu. Je le dis sans affectation et avec un peu d'orgueil. Rien, dans ce monde et dans le temps, ce n'est déjà pas si mal. Je suis entré dans le temps, j'ai fait partie de ce monde. C'est une chance inouïe, un bonheur et un triomphe.

Avoir raconté ce triomphe partagé par tant d'autres a quelque chose de risible. Vous vous rappelez peut-être, il y a trois cent cinquante pages, le cocher du rabbin ? Je me demande pour qui je me prends. Aucun livre n'a approché de la splendeur du monde, aucun n'en approchera jamais. Qu'ai-je donc fait en écrivant *Qu'ai-je donc fait* ?

après moi

Voilà que ce livre qui m'a occupé si longtemps commence à m'échapper. Pendant des mois et des mois, j'ai pu l'imaginer, l'entreprendre, le poursuivre, le modifier, tâcher de le rendre moins médiocre et moins inutile. Voilà qu'il tire sur sa fin.
Il me survivra un peu. Pas très longtemps, j'imagine. Le destin des livres n'est plus de durer très longtemps. Bons ou mauvais, leur âge aussi touche à sa fin. J'ai toujours pensé que je serais un des derniers à écrire encore un livre comme on les écrivait dans les siècles évanouis : avec une plume ou un crayon, sur du papier, dans cette langue millénaire aujourd'hui menacée dont se servaient Chamfort, Mérimée, Giraudoux ou Colette, sans machine d'aucune sorte, sans trop se soucier de la mode ni des lecteurs, dans le sillage des grands anciens dont on s'efforçait de se souvenir au lieu de rompre avec eux.

Sur les genoux des dieux

Stendhal est mort sans lecteurs, à peu près ignoré de tous – sauf de Balzac qui avait consacré à *La Chartreuse de Parme* un article bouleversant : « M. Beyle a fait un livre où le sublime éclate de chapitre en chapitre... » Ceux qui suivent son dernier convoi se comptent sur les doigts d'une seule main. Un siècle plus tard, son nom flotte sur les lèvres de millions de lecteurs. N'y pensons plus.

Qu'ai-je donc fait ? J'ai beaucoup rêvé que, vers le milieu de ce siècle qui ouvre le IIIe millénaire de notre calendrier, un lecteur anonyme, un jeune homme ou une jeune fille, entre deux amours, entre deux examens, tombe par hasard, dans un grenier de campagne, sur un exemplaire oublié et défraîchi d'*Au plaisir de Dieu*, de *C'était bien* ou – pourquoi pas ? – de *Qu'ai-je donc fait*. Qu'il l'ouvre, avec méfiance. Qu'un vague sourire vienne sur ses lèvres. Qu'il s'installe sur une marche et qu'il se mette à lire quelques lignes. Et qu'une pensée amicale l'unisse, le temps d'un éclair, avant le travail ou le plaisir, à ce raseur inconnu dont une arrière-grand-mère, un soir, lui aura jeté le nom avec désinvolture.

Qu'ai-je donc fait ? Pas grand-chose. À plusieurs reprises, des journaux m'ont demandé, comme à d'autres, la devise qui pourrait, un jour, être gravée sur ma tombe. J'ai pensé tantôt à Tzara, l'inventeur de Dada : « L'absence de système est encore un système, mais le plus sympathique », tantôt au brave Crillon, l'ami d'Henri IV : « Le roi l'aimait. Les pauvres le pleurèrent. » Il y a une autre devise, latine cette fois, un peu drapée peut-être, qui me paraît assez belle : « *Quia breves horas tuas immortalibus operibus vove* » – « Consacre tes heures si brèves à des œuvres immortelles. » C'est ce que j'ai fait. Les œuvres n'étaient pas de moi. Mais, d'Homère, de Montaigne, de Chateaubriand, de Proust à *Cyrano de Bergerac*, à *L'Habit vert*, à *Arsène Lupin*, de Mozart et de Bach au *Temps des cerises*, à Édith Piaf, à Brel, à Barbara, de Carpaccio, de Piero della Francesca, de Rembrandt, du Titien à *Casque d'or*, au *Guépard*, au *Parrain*, à *Out of Africa*, à *Sur la route de Madison*, au *Festin de Babette*, j'ai vécu, comme beaucoup, entouré de chefs-d'œuvre qui ont suffi à enchanter les heures si brèves et trop longues qu'il m'a été donné de passer dans ce temps d'illusion que nous appelons réalité.

Qu'ai-je donc fait ? Ah ! j'ai aussi skié au printemps, j'ai nagé dans les mers du Sud, j'ai aimé trois ou quatre femmes, j'ai écrit quelques livres. Mon Dieu !... J'ai été heureux dans ce monde si cruel, dans cette vallée de larmes – *in hac lacrimarum valle...* – dont j'ai admiré presque tout, jusque dans les chagrins, jusque dans la souffrance, et qui, à tort ou à raison, m'a paru comme un voile passager chargé de cacher d'autres splendeurs dont il est impossible de rien dire mais dont il est permis de rêver.

Je pourrais m'adresser à ce monde où les enfants meurent, où nous souffrons tous, où les rires n'ont jamais cessé d'être mêlés aux larmes et où j'ai été jeté malgré moi dans une des périodes les plus atroces de sa carrière déjà longue d'épouvante et de mystère et lui dire, comme Hermione à Pyrrhus :

Je ne t'ai point aimé, cruel ? Qu'ai-je donc fait ?

Qu'ai-je donc fait ? J'ai aimé l'eau, la lumière, le soleil, les matins d'été, les ports, la douceur du soir dans les collines et une foule de détails sans le moindre intérêt comme cet olivier très rond dont je me souviens encore dans la baie de Fethiye ou un escalier bleu et blanc flanqué de deux fontaines dans un village des Pouilles dont j'ai oublié le nom. Je ne regrette ni d'être venu ni de devoir repartir vers quelque chose d'inconnu dont personne, grâce à Dieu, n'a jamais pu rien savoir. J'ai trouvé la vie très belle et assez longue à mon goût. J'ai eu de la chance. Merci. J'ai commis des fautes et des erreurs. Pardon. Pensez à moi de temps en temps. Saluez le monde pour moi quand je ne serai plus là. C'est une drôle de machine à faire verser des larmes de sang et à rendre fou de bonheur. Je me retourne encore une fois sur ce temps perdu et gagné et je me dis, je me trompe peut-être, qu'il m'a donné – comme ça, pour rien, avec beaucoup de grâce et de bonne volonté – ce qu'il y a eu de meilleur de toute éternité : la vie d'un homme parmi les autres.

TABLE

I
Poeta fui e cantai

que faisons-nous sur cette Terre ? 11
*il y a quelque chose, avant la mort, qui ressemble
à une vie* 12
me voilà 15
le monde tourne autour de moi... 17
... et aussi de vous 18
à quoi bon vivre si c'est pour rien ? 20
un pauvre type 22
un bon garçon 25
« travaillez, prenez de la peine... » 28
la tête me tourne 31
une branloire pérenne 33
une cellule sur un théâtre 35
rien 37

Qu'ai-je donc fait

deux histoires juives	39
le cocher du rabbin	42
le cul de la crémière	45
le grandécrivain	47
les printemps de l'histoire	49
« le grand siècle, messieurs... »	52
« l'amour est mon berger, mon maître... »	54
un patriarche	58
plutôt taxi qu'homme de lettres	61
conseils à un jeune écrivain	65
j'ai vieilli	68
le temps de l'imposture	70
un tribunal secret	72
une histoire de l'avenir depuis les temps **les plus** *reculés*	74
une année bien remplie, surtout vers la fin	76
plus loin que les hommes	81
bribes	84
« il y aura toujours l'eau le vent la lumière... »	86
j'avais quatre dromadaires	97
Rome est blanche, Venise est rouge	102
« que Monsieur ne se mette pas hors de Monsieur !... »	106
« ferme les yeux, Rosemonde »	109
éloge de l'ennui et de la paresse	112
qu'est-ce que la vérité ?	115
la vie est belle	119
j'aurai été	120

Table

II
Nageur entre deux rives

d'où parlez-vous ?	125
je reviens de loin	127
une orgueilleuse modestie	131
la chute du surintendant	134
sous le signe d'un saint François	137
une poignée de sable	139
un château entre en scène	142
« inventés ! oh ! monsieur !... »	145
« où voulez-vous, monsieur Barrès... ? »	147
je n'écris pas pour passer le temps	150
je ne suis pas toujours de mon avis	152
le tableau de David	154
les deux clans	156
une gifle	158
il n'a pas mis trois ans	160
nous sortons de la pièce	162
la lettre de l'ambassadeur	163
un succès mitigé	165
nuances	166
qui se souvient encore d'eux ?	168
la pipe de l'oncle Toto	171
une vieille sorcière	173
un vilain garçon	175
Bergson, œuvres complètes	177
C ou une page rude à écrire	180
portrait d'un traître	183
j'aurais mieux fait de m'inscrire au Parti	184
« je voudrais t'épargner le retour... »	186
lâche et médiocre	188

Qu'ai-je donc fait

du pain sur la planche	190
du gâteau pour Bourdieu	191
urph	196
les manières de table	203
nous chantons	212
ce qui m'attendait	221
45, rue d'Ulm	222
changement de décor	224
trotskistes	227
vingt ans après	229
le grand écart	231
un monde qui change	234
tout s'écroule toujours	236
la victoire de Prométhée	238
deux noms d'apocalypse	240
la peste et le choléra	243
chacun voit Dieu à sa porte	245
comment va le monde, môssieu ?	247
il n'y a plus de saisons	249
la démocratie l'emporte	251
l'argent règne	253
Céleste	255
la gloire de Dieu est passée dans les puces	259

III
Sur les genoux des dieux

à quoi bon ?	263
un trou noir	266
le pommier est dans le pré	268
tiens ! il y a un monde	270
d'où venons-nous ?	271

Table

le presque et le comme si	272
une drôle d'histoire	273
la fin du Soleil est pour demain	275
presque rien, mais presque tout	277
penser le tout	279
le vertige du monde	281
pourquoi y a-t-il quelque chose au lieu de rien ?	283
la marche du temps	285
le temps s'en va, ma Dame	286
tout est perdu et je ris	288
portrait du temps en Shiva tricéphale	290
une usine à créer du passé	292
le monde est un paradoxe	294
une machine infernale	296
me revoilà	297
l'œuvre de Dieu est une œuvre de chair	298
éloge du sexe	300
un mur biblique	302
j'entre en métaphysique	304
un parfum de magie	305
vers l'auberge où sont les filles	306
l'ombre de Dieu	309
l'eau est une licorne	311
une stupeur enchantée	314
un drôle d'oiseau	318
un secret bien gardé	320
d'où vient le temps ?	321
signe d'autre chose	322
je m'interroge	323
encore un mot sur moi	324
un pas de plus	326
une hypothèse inutile	327
une bataille de géants	328

Qu'ai-je donc fait

ma grand-mère perd la partie 330
work in progress 331
une chance insolente 333
une nécessité peu nécessaire ? 335
où en sommes-nous ? 336
sautons le pas 337
douter en Dieu.................................. 338
Dieu est caché 341
le Fils est parmi nous 343
au plus près du néant 346
le mystère et l'absurde 348
libre 350
amor fati 351
les autres 353
le monde est inépuisable 356
après moi 358

Du même auteur (suite)

Aux Éditions Julliard

L'AMOUR EST UN PLAISIR
LES ILLUSIONS DE LA MER

Aux Éditions Grasset

TANT QUE VOUS PENSEREZ À MOI
  (entretiens avec Emmanuel Berl)

Aux Éditions G.P.

L'ENFANT QUI ATTENDAIT UN TRAIN
  (conte pour enfants)

Aux Éditions Héloïse d'Ormesson

ODEUR DU TEMPS

*Cet ouvrage a été composé et mis en pages
par ÉTIANNE COMPOSITION
à Montrouge.*

Cet ouvrage a été imprimé par

C P I
Firmin Didot

Mesnil-sur-l'Estrée

pour le compte des Éditions Robert Laffont
24, avenue Marceau, 75008 Paris
en septembre 2008

Dépôt légal : octobre 2008
N° d'édition : 49120/01 - N° d'impression : 91950
Imprimé en France.